Self-Regulated Learning

自己調整学習
チェックリスト

リストを用いた授業実践 **30**

木村明憲 ［監修］
KIMURA Akinori

JN062817

さくら社

推薦の言葉

　今まさに求められている教育理念と，最先端の学習理論に基づいた，新しい授業のかたちがここに示されています。

　子どもたちが真に主体となって学ぶこと，自らを調整しながら学習を進める教育実践のモデルと，明日からの授業をつくる確かな方法とその考え方が，本書の全編を通じて具体的に提示されています。

　本書の大きな特色として，小学校3年生から中学校3年生に至るまでの自己調整の発達段階をふまえた授業・単元の構想がなされています。

　また，国語，算数，理科，社会，体育，総合学習と，幅広く豊富な実践例が取り上げられており，教科を横断した主体的な学びをどのように導くとよいかについて，綿密かつ明確な指針が示されています。

　自己調整を支えているこころの要素と，自己調整を前へ進めるサイクルに基づく授業モデルの例示は，これまでの教育をさらに先へと展開する大いなる可能性を有するもので，とても斬新で画期的な提案となっています。

　子どもたちの主体性を育む，新しい授業の実現をめざしているすべての現場の先生方にとって，優れた示唆に富む本書を強く推薦いたします。

九州大学　伊藤崇達

自己調整学習
チェックリスト
リストを用いた授業実践**30**

◉ 実践事例

［ 見通す ］

［ 実行する ］

はじめに

桃山学院教育大学人間教育学部　准教授●木村明憲

1.1. 本書における『自己調整学習』の捉え

　自己調整学習は，世界各国で研究が進められ，それを基にした実践が行われています。日本でも学習指導要領において，児童・生徒に育成すべき力として，資質・能力の三本柱が示され，そこに含まれる「学びに向かう力・人間性等」の育成に，自己調整学習の考え方が援用されています。

　自己調整は，「学習者が，学習過程に対して『メタ認知』したり，『動機づけ』を高めたり，『行動』したりして能動的に学習を進めていること」（Zimmerman1989）であるとされています。また，自己調整学習を支える重要な要素の一つとして学習方略を習得することが挙げられています。学校教育の中で，自己調整学習の実現を目指す本書では，これらの理論を基に，自己調整の要素を「メタ認知」「動機づけ」「学習方略」（伊藤2019）とし，これらの要素を基に授業実践を外観していくことにします。

　自己調整の要素の一つである『メタ認知』とは，自らの学習を振り返り，自分がどのように考えているのかを考えたり，どの程度理解しているのかを理解したりし，その後の学習に活かしていくことです。三宮（2018）は，『メタ認知』をメタ認知的知識とメタ認知的活動に分類し，メタ認知に対する知識（認知特性，課題，方略）を習得

することと，習得した知識を活かして自らの学習をモニタリングし，コントロールしていくことの重要性を示しています。

　メタ認知的活動については，Nelson & Narens がメタ認知過程と認知過程の関係を図1のように整理しています（自己調整学習研究会2012）。この図では，現実に学習をしている部分（認知過程）を下部に，それに対してメタ認知している部分（メタ認知過程）を上部に表現しており，メタレベルとされる部分から，自分自身の思考・認知（対象レベル）をモニタリング（観察）し，より良く学んでいくためにコントロール（調節）していくメタ認知の実際がよく分かります。

　次に，『動機づけ』とは，学習に対するモチベーション（学ぶ意欲）のことを指します。また，動機づけには，学習そのものに興味・

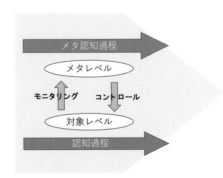

図1　認知過程とメタ認知過程

図2　動機づけの高まりのイメージ

関心をもち，課題の解決や目標の達成にむけて取り組むことにつながる内発的な動機づけと，何らかの報酬を得ることや罰を避けることを目的に取り組む外発的な動機づけがあり，学校教育では，児童・生徒が内発的な動機づけを高め，自ら学びを進めていくことを目指しています。そのような姿を目指す上で，動機づけが欠如していたり，外発的な動機づけで学んでいたりする児童・生徒に対して，学習過程や教材・教具を工夫し，必要に応じて活用することができる環境を整えたり，近くに寄り添い，援助を要請しやすい雰囲気をつくったりすることが，児童・生徒が主体的に学びを進めようとする内発的な動機づけを高めることにつながるのだと考えます。

　最後に，学習者が学習に対して能動的に行動するには，『学習方法・学習方略』を身につけている必要があると考えます。本書では，学校教育での自己調整学習を対象としていることから，「書籍を読んで情報を集める」「コンピュータを使って動画にまとめる」「ポスターを掲示して伝える」「学習計画表に計画を書く」といった下線部のような行動を学習方法と捉えます。また，学習

方略は，「学習の効果を高めることを目指して意図的に行う心的操作あるいは活動」（辰野1997），また「学習者が各行動目標に到達するために必要な学習方法の種類と順序を具体的に示すこと」（高等教育ジャーナル2000）とされており，学習者が学習方法をどのように効果的に実行するのかという『方法のやり方』であると捉えることができます（図3）。例を挙げるとするならば「書籍を読む際に，線を引きながら必要な情報を集める」「動画の構成を考えるために，ピラミッドチャート（シンキングツール）を使って構造化する」「プレゼンテーションをして伝える際に，聞き手に問題を出し，考える場面を作って伝える」「学習を振り返るために赤信号・黄信号（思考ルーチン）で自己評価する」などが考えられ，これらは目標を達成するための認知的な学習方略と，自らの学習を振り返るメタ認知的な方略に整理されます。また，学習方略には，認知の面だけでなく情動（心）の面においての方略も存在します。例えば，「学習課題が自らのどのような能力を高めるのかについて考えたことを学習計画に記入して，学習する意味を明らかにする」「記憶しなければならない言葉をリストに整理し，記憶できた言葉をリストから消していく操作を通して，

図3　学習方法と学習方略の関係のイメージ

見通しと達成感を感じることができるようにする」といった，学習に対する動機づけを高めるための方略も存在します。

　学校教育において，学習者が学習に対して能動的になるには，目標の達成に向けてどのような学習方略で学習を進めることが最適かを考え，選択した方略が適切かを確認・調節し，自ら学習を進めて行こうとする仕組みを構築していく必要があります。そのような仕組みの中で，児童・生徒は，様々な教科・領域で学習方略を何度も経験することを通して，課題・目標をどのような方略を使って解決・達成していけばよいのか

という方程式を立式することできるようになり，自ら，主体的に学習を調整し，解を導き出していくことができるようになっていくのだと思います（図4）。

　本書では，学習者が「自らをメタ認知する」「内発的な動機づけを高める」「学習方略を習得・適用する」という視点の基に，学校教育においての自己調整学習のあり方を豊富な授業実践を基に提案します。本書で提案する授業実践例を基に，児童・生徒が自らの学習を調整しながら学ぶ授業が広がっていくことを期待します。

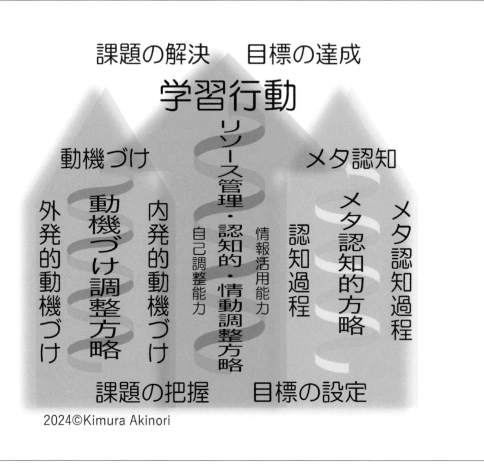

図4　本書における自己調整学習の全体像

1.2. 情報活用能力と自己調整能力

　学習者が主体的に学ぶために，情報活用能力・自己調整能力を高める必要があります。これらは，情報活用スキル・思考スキル・自己調整スキル（木村 2022）などと呼ばれることもあります。情報活用能力は，課題を解決するために，情報を集めたり，整理したり，まとめたり，伝えたりする能力です。このような力は，学習内容として，教科等の授業で身につけ，その後の授業等で学習方法・方略として活用されていきます。情報活用能力が高まれば，学習者は，自ら方法・方略を選択し，自分で学習を進めていくことができるようになるのです。自己調整能力は，先程，述べたように，学習内容を認知したり，自らの学習をメタ認知したり，学習に対する動機づけを高めたりするために，学習方略を習得・適用する能力です。このような力が高まれば，学習を自分にあった方略で振り返り，成果や課題を導き出した後に，次の学習に対する見通しを明確にして動機づけを高めることができます。これらのことから，学習者の情報活用能力や自己調整能力を高め，それらの能力を自ら発揮して学習プロセスを進めていくことが

できるようになることが，主体性を発揮して学ぶという学習の歯車を回していくことにつながるのです。ただ，これらの能力をどのようにして育成していくのかが重要です。学校教育において，これらの能力を育成するには，学習者が情報活用能力や自己調整能力を理解し，これらの能力を高める活動を繰り返し経験する機会を様々な教育活動の中で実施していく必要があります。このことについての詳細は，さくら社『主体性を育む学びの型：自己調整，探究のスキルを高めるプロセス』（木村 2022）に示しています。

図5　主体性につながる2つの能力

1.3. 自己調整学習チェックリスト

　表1は，本書が提案する自己調整学習チェックリストです。本リストは，教師が単元・授業を設計する際，授業中に授業の進行を確認する際，授業実践後に自らの授業を振り返る際に参照することを目的として作成しました。このリストを携帯することで単元・授業を考える際に，学習者が自

己調整する学習場面を効果的に設定したり，授業中，児童・生徒に自己調整を促したりする際の参考になります。本節では，学習者が自らの学習を調整することに繋がる授業の実現に向けて作成した自己調整学習チェックリストについて解説します。

■表1 自己調整学習チェックリスト

			チェック項目		
見通す	課題	課題理解	□課題を分解していたか	□分解した課題の関係を考えていたか	□解決策を考えていたか
		課題興味	□課題に興味を示していたか	□課題に価値を感じていたか	
	目標	目標設定	□問いを広げていたか	□問いを順序立てていたか	□問いを絞っていたか
		目標志向	□目標がどのような能力を向上させることに結びつけているのかを考えていたか		
		結果予期	□学習の最後に創り上げるもの（価値）を予想していたか		
	計画	計画立案	□学習活動を決めていたか	□方法・方略を決めていたか	□時間配分を決めていたか
		自己効力	□学習をうまく実行することができるかを考えていたか		
実行する	確認	実行確認	□課題・目標を確認していたか	□方法・方略を確認していたか	□時間配分を確認していたか
		自己指導	□自分に質問するようにして学習の進捗を確認したり、内容の理解を深めようとしたりしていたか		
		自己記録	□学習の進捗について確認したことや、学習中に大切だと思ったことを記録していたか		
		意識観察	□学習に向かう自らの意識（気持ち）を確認しようとしていたか		
	調節	実行調節	□課題・目標を調節していたか	□方法・方略を調節していたか	□時間配分を調節していたか
		興味促進	□困難な課題をやりがいのある挑戦に転換しようとしていたか		
		環境構成	□学習しやすい環境を整えようとしていたか		
		援助要請	□学習がうまく進まなかったり、時間が足りなかったりした際に他者に相談していたか		
振り返る	評価	自己評価	□うまくいったことが何かを考えていたか	□うまくいかなかったことが何かを考えていたか	
	帰属	原因帰属	□評価結果の理由を考えていたか		
		自己満足	□自らの学習結果に納得した上で、その後の学習に活かせそうなことについて考えていたか		
	適用	適用	□次の学習にどう活かすかを考えていたか		

1.3.1. フェーズ, プロセス, サブプロセス, チェック項目の概要

　自己調整学習チェックリストは3つのフェーズで単元・授業を整理しています。これらのフェーズは，自己調整学習の研究において「予見」「遂行・コントロール」「内省」と示されています（伊藤2009）。本書では，これらの段階を学校現場で馴染みのある「見通す」「実行する」「振り返る」という言葉に置き換え，これらのフェーズを単元・授業を設計する際や授業実践を行う際に意識できるようにしました。次に，それぞれのフェーズの中で，学習者がどのような学習過程で学ぶのか，または，どのような自己調整スキルを発揮して学ぶのかをプロセスとして整理しました。これらのプロセスは，自己調整学習を進めていく上で単元を構想する際や，1時間の授業を設計する際に意識すべき重要な過程です。そして，プロセスをさらに具体的にするために，プロセスの要素をサブプロセスとして示しました

（SCHUNK and ZIMMERMAN 2014）。これらは，自己調整学習がメタ認知の研究と，動機づけの研究を基に形成されてきた学習であることを基に，学校現場における授業で意識すべきであると考えられる事柄を選択したり，総合したりして示しました。本リストのサブプロセスにおいて左寄りに表記している項目は，認知（知覚，理解，思考，記憶，判断，意識，問題解決など）に関係すると考えられる項目です。また，右寄りに表記している項目は情動（心の動き・感情）に関係すると考えられる項目です。これらのサブプロセスから分かるように，本リストは，認知的側面と情動的側面の両側面から学習者が自らの学習を調整することができるようになることを大切にしています。さらに，本リストの中核となるチェック項目を，サブプロセスをさらに細分化し，学習者の具体的な姿として示しました。

1.3.2. 自己調整学習チェックリストと Self-Learning カード

　図6は，学校での授業において，学習者
である児童・生徒が自らの学習を調整する
ために作成した Self-Learning カードです。
Self-Learning カードは，自己調整学習チェッ
クリストと同じフェーズ・プロセスでまと
めています（カード左側）。また，サブプロ
セスの認知的側面の学習方略をステップと
して3段階で示しました。このカードを児
童・生徒に配付し，授業中や授業後に確認
する時間を取ったり，家庭で自ら学習する
際に意識するように指導したりすることで，
児童・生徒が自らの学習を調整することに
ついての理解を深め，自己調整学習に取り
組むことができるようになります。本カー
ドの詳細については，明治図書『自己調整
学習：主体的な学習者を育む方法と実践』（木
村2023）に本カードの構成と，具体的な単
元構想・授業設計を関連付けて解説してい
ます。

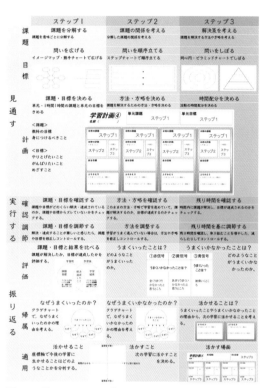

図6　Self-Learning カード

1.3.3. 見通すフェーズ

　自己調整学習チェックリストの見通す
フェーズには，「課題」「目標」「計画」の3
つのプロセスがあります。学習者は，この
フェーズでこれから取り組む学習でめざす
べきことを明らかにし，学習の見通しを持
つのです。

　「課題」のプロセスは，課題を理解し，そ
の課題に興味を示すプロセスです。このプ
ロセスを理解するためには，課題と目標の
違いについて整理する必要があります。本
書では，「課題」を他者から与えられるもの，
「目標」を学習者自らが設定するものと考え
ています。したがって，このプロセスでは，

学習者が教科書や教師から与えられた課題
を理解するために，課題を分解したり，解
決策を考えたりして，その課題に対して興
味をもったり，価値を感じたりしている姿
を求めていくのです。

　「目標」のプロセスは，目標を設定し，学
習結果を予想するプロセスです。ここでは，
目標を明確にするために，「問い」を広げ，
順序立て，絞っていきます。そのような活
動を通して導き出した問いを基に，学習者
が自ら目標を設定し，その目標を達成する
ことがどのような能力を向上させることに
結びついているのかを考えたり，最後に創

り上げるものを予想したりする姿を求めていきます。

「計画」のプロセスは，学習の計画を立てるプロセスです。ここでは，学習活動，その時間の課題や目標を解決・達成するために適切であると考えられる学習方法・方略，それぞれの学習活動にどの程度の時間取り組むのかという時間配分を考えていきます。このような計画を考えることは児童・生徒にとって難しいことで，いきなり全ての児童・生徒が綿密な計画を立てることはできません。児童・生徒の実態に合わせ，学習計画のフレームを提示するなどして計画の立て方を指導する必要があります。そして，

段階的に児童・生徒が計画する部分を増やしていくことで，少しずつ計画を立てることができるようになっていくのです。このように計画を立てる活動を行っている最中や，計画が完成した後に，その計画で学習をうまく進めることができるのかを考えることが重要です。「この計画で学習をうまく進めることができるか」について考える時間を設定し，「これで大丈夫！」と思える計画を作成することができれば，その後の学習に対する児童・生徒の動機づけを高め，自ら学習を調整しながら学ぶ姿につながると考えます。

1.3.4. 実行するフェーズ

実行するフェーズは，「確認」「調節」の2つのプロセスです。これは，モニタリングとコントロールを繰り返し，学習中に自らの学習をメタ認知していくことを示しています（図1）。これまでの授業では，児童・生徒が課題の解決や目標の達成だけに意識を集中していましたが，自己調整学習では，限りある時間の中で，自らの学習の進捗をモニターし，時間内に最高のパフォーマンスが発揮できるように学習をコントロールしようとするメタ認知的活動が重要になってきます。

「確認」のプロセスでは，実行している学習活動が課題の解決や目標を達成することからズレていないかを確認します。次に，課題・目標の解決・達成にむけて適切な学習方法・方略で学びを進められているのかについて確認します。最後に，残り時間を確認し，時間内に課題・目標が解決・達成するのかを確認します。このような確認を

行う際は，自らに質問するように確認をしたり，確認したことを記録したりします。また，自らの学習に対する気持ち（やる気）についても確認することで，学習中の自らの心の動き（情動）についてメタ認知することにつながるのです。

「調節」のプロセスでは，「確認」のプロセスで調節の必要があると判断したことをより良い状態にするための方策を考えます。例えば，課題や目標を再検討したり，方法・方略を変えたりする調節が考えられます。このような行為は，うまくいっていないことをちょうどよい具合に修正するということを指すため，「調節」をいう表現を採用しました。課題・目標，方法・方略，時間配分を調節する際は，教具や教材，学習場所，席の配置や学習形態などを自らが学習しやすい環境に整えようと工夫したり，他者に相談し，援助を要請したり，困難な課題をやりがいのある挑戦と捉えられるように自

らに言い聞かせたりすることで，学習に対して低下し始めた動機づけを再度，高めることにつながるのです。

1.3.5. 振り返るフェーズ

振り返るフェーズは，「評価」「帰属」「適用」の３つのプロセスです。これらのプロセスを通して，単元や１時間の授業を振り返り，明らかになった学習結果の成果や課題を次の単元・時間に活かしていきます。このように学習結果をその後の学習に活かしていくためには，学習内容の振り返りだけでなく，方法・方略に対しても振り返ることが重要です。方法・方略について振り返った事柄は，教科を横断し，様々な場面で適用することができます。

「評価」のプロセスでは，学習を振り返り「うまくいったこと（成果）は何か」「うまくいかなかったこと（課題）は何か」を考えます。このように成果と課題を考えることにより，自らが学習内容を理解したのか，選択した方法・方略が最適だったのかについてメタ認知することに繋がります。評価では，自己評価と他者に評価をしてもらう相互評価があります。日常の授業では，振り返りの時間を長時間取ることが難しいことから自己評価が中心になりますが，単元の振り返りなど，振り返る時間を十分に確保できる場合は，自己評価をした後に，相互評価を実施すると多面的・客観的な意見を得ることができます。また，相互評価をすることで自らの評価についてメタ認知する機会にもなり，その後の学習における自己評価が充実していくことでしょう。

「帰属」のプロセスでは，「なぜそのような評価結果になったのか」といった視点で，評価結果の理由や原因を考え，分析します。評価結果の理由・原因を考えることで，次の学習にどのようなことが活かせるのかを考える材料ができます。そして，評価結果の理由・原因を分析し，学習結果について納得した上で，次の学習について考えることが，その後の学習に対する動機づけを高めることに繋がるのです。

「適用」のプロセスでは，評価結果の分析を基にその後の授業に活かせることを具体的に考えていきます。例えば，「次の時間には，この時間に解決することができなかった課題に取り組もう」という内容的な事柄や「インターネットで調べる際に，一つのキーワードで調べていたら，たくさんの情報が出てきて必要な情報に至るまでに時間がかかったので，キーワードを組み合わせて検索しよう」といった方法・方略的な事柄が考えられます。これらの事柄を，その後の学習で忘れずに活かしていくために，ToDo リストに入力して，次の時間に意識できるようにしたり，全ての教科・領域の振り返りを記録することができる表を作成し，単元計画を作成する際に参照したりすることで，振り返ったことがその後の学習に活かされ，学習の連続性が生まれていくのです。

1.4. 実践の読み方

　本書では，授業実践を自己調整学習の
フェーズとして示した「見通す」「実行する」
「振り返り」で整理し，まとめています。こ
のように整理したのは，それぞれのフェー
ズの実践を比べることで，共通する部分や
実践独自の特徴に気付くことができると考
えたからです。また，実践例は，自己調整
学習チェックリストの項目を基に，授業で
活用された教材や児童・生徒の記述物，教
師の板書や掲示，ICT で作成した配付物を図
で示し，指導者の授業実践と学習者の自己
調整の様子が具体的に伝わるように工夫し
ました。

　また，実践の最後に，その実践が，自己
調整の要素である「メタ認知」「動機づけ」
「学習方略」のどの要素に重点がおかれた実
践なのかをレーダーチャート（図 7）で示
しました。このレーダーチャートは実践と
実践を比較するものではなく，実践ごとに
それぞれの要素の度合いを相対的に 5 段階
で示したものです。例えば，学習をメタ認
知する力を育みたい場合は，メタ認知の度
合いが高い実践を参考にすることを，また，
学習者が自己調整能力を発揮して学ぶ授業
を実施したい場合は，要素のバランスが良
いものを参照するといったように，読者が
授業で取り組みたい実践を見つけやすいよ
うに工夫しました。

　これらの実践は，自己調整学習をどのよ
うに進めればよいのかを明らかにするため
に，授業者の先生方がチェックリストを基

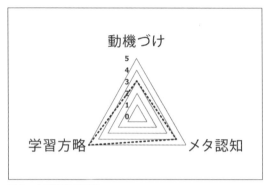

図7　自己調整の要素

に創意工夫を繰り返し実施された実践です。
本書に掲載されている授業方法や活用され
たワークシート，ICT 活用が，学習を調整す
る児童・生徒を育成する上で大きなヒント
になると考えます。是非，本書の実践を参
考に，日々の授業実践に活かしていただけ
たら幸いです。

<参考文献>
北海道大学（2000）高等教育と生涯学習7　学習方略
伊藤崇達（2009）自己調整学習の成立過程　学習方略と動機
　づけの役割
伊藤崇達（2019）VIWE21　めあての提示や振り返りの工夫で
　子どもが自ら学ぶ力を育む
木村明憲（2022）主体性を育む学びの型　自己調整，探究の
　スキルを高めるプロセス
木村明憲（2023）自己調整学習　主体的な学習者を育む方法
　と実践
三宮真智子（2018）メタ認知で学ぶ力を高める　認知心理学
　が解き明かす効果的学習法
SCHUNK and ZIMMERMAN（編）:塚野州一，伊藤崇達（翻
　訳）（2014）自己調整学習ハンドブック
SCHUNK and ZIMMERMAN（1998）Self-Regulated Learning
篠ケ谷圭太（2012）学習方略研究の展開と展望　学習フェイ
　ズの関連づけの視点から
辰野千壽（1997）学習方略の心理学　賢い学習者の心理学
自己調整学習研究会（2012）自己調整学習　理論と実践の新
　たな提案へ

［見通す］

Self-Regulated Learning

◉ 課 題

課題理解
- □ 課題を分解していたか
- □ 分解した課題の関係を考えていたか
- □ 解決策を考えていたか

課題興味
- □ 課題に興味を示していたか
- □ 課題に価値を感じていたか

◉ 目 標

目標設定
- □ 問いを広げていたか
- □ 問いを順序立てていたか
- □ 問いを絞っていたか

目標志向
- □ 目標がどのような能力を向上させることに
  結びつけているのかを考えていたか

結果予期
- □ 学習の最後に創り上げるもの（価値）を
  予想していたか

◉ 計 画

計画立案
- □ 学習活動を決めていたか
- □ 方法・方略を決めていたか
- □ 時間配分を決めていたか

自己効力
- □ 学習をうまく実行することができるかを
  考えていたか

01 自分で問いをもち，主体的に学ぶ

洲本市立洲本第三小学校●福水雄規

自分たちの生活と直結するゴミ問題。どのように集めて処理されていくのか，予想を立てながら，自分事としてとらえ，自分自身にできることは何か考えるきっかけとしたかった。そこで，写真の中から見える情報を観点ごとに収集する中で，児童自身が追究したいと思う「問い」を作り出し，単元を通して連続した学びをデザインし，主体的に学べるしかけを作った。

小学校 4 年生　社会▶健康なくらしを守る仕事 1 ごみのしょりと活用

◆自己調整学習チェックリストの項目

課題興味　□課題に興味を示していたか　□課題に価値を感じていたか
目標設定　□問いを広げていたか　□問いを絞っていたか
計画立案　□学習活動を決めていたか　□時間配分を決めていたか

課題興味　□課題に興味を示していたか

本単元は，日常生活に密接に関わるテーマを扱っていました。そのため，児童の中からは自身の経験をもとにした問いや，それらの問いを基に想像を広げた問いを投げかける姿が見られました。例えば，「僕たちの住む場所では，一日にどれくらいのゴミが出るのだろう？」「日本全国では，ゴミの状況はどうなっているのだろう？」などです。これらの問いは，教師が一方的に情報を伝えるのではなく，児童自身が興味をもち，追究したいと感じたことによって得られた問いであると考えます。このような問いを喚起する上で，図1のような思考ルーチンを活用し，個人で問いを広げてから，それらの問いを交流することが課題に対する興味を高める上で非常に重要であると感じました。

目標設定　□問いを広げていたか

本実践では，課題を基に問いを広げてほしいと考えたことから，ごみを収集するよ

うすの写真を図1のようなシートにして児童に提示しました。児童にその写真から問いを広げてほしいと考え、「見える」「思う」「引っかかる」の思考ルーチンと同心円チャート（木村 2020）を組み合わせたシートを児童に配付し、問いを広げる活動を実

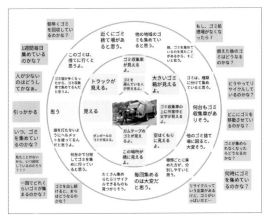

図1 「見える」「思う」「引っかかる」により書き出された考え

施しました。

この活動において児童は以下のように反応していました。

「ごみを運んでいる人が見える」【見える】

「多いゴミ袋から、ごみ収集車で集めていると思う」【思う】

「回収はいつ行われているのだろう」「集めたごみはどこへ運ばれるのだろう」【引っかかる】

この方法により、児童は、ゴミ収集の写真と日常生活を関連させ、様々な問いを広げていく姿が見られました。また、児童が自らの意見と他者の意見を比較・共有する機会をもったことで、「あ、私も同じことを考えていた」や「~~ さんの意見を、私も参考にしたい」といった共感や違いに気付く機会が得られました。

目標設定　□問いを絞っていたか

単元の学習時間を児童に共有した上で、児童が、自ら追究したい問いを選択する活動を行いました。その活動では、ピラミッドチャート（図2）を用いて、選択した問いの優先順位を決めました。これにより、児童は自らの「問い」を絞り、明確にすることができました。その後、一人一人の児童が選んだ「問い」を学級で共有し、全クラスで追究すべき「問い」について考えました。学級での議論から、最終的に4つの問いに絞り込まれました。このようにピラミッドチャートを活用することで、一人一

人が広げた問いが絞られ、学級の問いとしてまとめることができました。

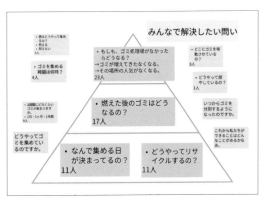

図2　図1から出された問いをもとに追求したい児童の問い

計画立案　□学習活動を決めていたか　□時間配分を決めていたか

単元の学習が始まる初回（1時間目）に、児童は教師が作成した単元計画（図3）を

確認します。そして、毎時間学習したことを記録するシートとして作成した図4に、

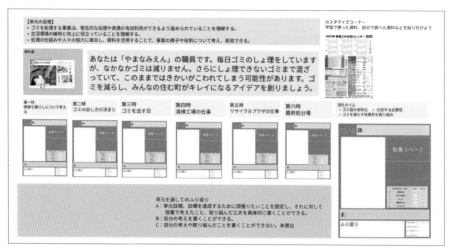

図3　単元はじめに児童と共有する単元計画の一例

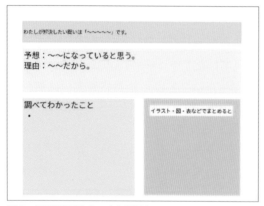

図4　毎時間学習したことを記録するシートの一例

学習の流れ・方法		時間	手応え
1、	課題設定	5	❀・◎・○
2、	考える時間		❀・◎・○
3、	まとめ	5	❀・◎・○
4、	**深化タイム**		❀・◎・○
5、	ふりかえり	5	❀・◎・○

図5　毎時間の学習内容とタイムテーブルの一例

分かったことを記録していきました。また，実行する場面では，図3の中にある図5のような1時間の学習の流れを児童が確認しながら学びました。このシートには，学習の流れ，所要時間，学習の手ごたえなどが示されており，児童はそれに基づいて自らの学習方法や時間を自己決定することができるように工夫しました。もちろん，すべての学習内容や時間を児童が決定することは，彼らの発達段階を考慮すると難しい面があります。そこで，例えば，「今日は今からの20分，自由に学習時間を使ってください。課題の解決に向け，どのような方法で学習すればよいか，その方法での学習をどの程度の時間取り組むのかを考え，工夫して学習に取り組んでください」という指示を出し，児童が自ら学習活動や時間配分を決めることができる時間をとりました。そのような時間を設定することで，一人で取り組む児童，ペアでの学習を選ぶ児童，教科書や資料で情報収集する児童，タブレットPCを活用して情報を整理する児童など，様々なスタイルでの学習活動が実行されました。このような姿が，児童が自己調整スキルを発揮しながら学んでいる姿であると思います。このように単元計画・学習したことを記録するシート，学習内容とタイムテーブルを考えるシートを児童に配付することにより，児童が自ら学習計画や時間配分を決め，主体的に学習を調整することに繋がったのではないかと考えます。

課題興味 □課題に価値を感じていたか

教師は授業後，記録が残るように，児童が考えたシートを教室横の廊下に掲示しました。すると，休み時間は多くの児童が掲示物の周りに集まり，他の児童の問いや考えを確認していました。ある児童は，掲示された他の児童のシートをタブレット PC で撮影し，その児童に声をかけ，自らの考えを伝えていました。このように学習したシートを掲示することにより，授業中だけではなく，休み時間も児童の学びが継続しました。これは，授業で導き出した問いに対して児童自身が価値を感じていたことによって生じた児童の姿ではないかと感じます。

図 6　休み時間に自分の考えを確認したり交流したりしている様子

〈参考文献〉
・木村明憲（2020）単元縦断×教科横断
・木村明憲（2022）主体性を育む学びの型

▶ 実践のポイント ◀

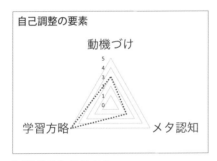

自己調整の要素

動機づけ

学習方略　　　メタ認知

本実践では，シンキングツールの同心円チャートと思考ルーチンの「見える・思う・ひっかかる」をうまく組み合わせ，4 年生の児童が問いを広げることができるように工夫をしています。また，問いを絞る場面では，ピラミッドチャートを活用して児童が導き出した問いを学級の問いとして一つにまとめています。このようなシンキングツールや思考ルーチンを教師が提示することにより，児童がこれらの学習方略を身につけていくことに繋がると考えます。

また，児童が学習計画を立案する際にも，図 3~5 のシートを教師が作成し，これらを記述する時間を設定したり，確認したりする場面を設けています。これも，これらのシートが有ることで，児童が自ら計画を立てたり，立案した計画を基に学習を確認したりすることが意識づけられるのではないかと考えます。このような教師の手立てが，児童が自ら学習を調整する方略を身につけ，学習に対する動機づけを高めていくことにつながっていくのです。

ただ，これらの活動を 1 度行っただけで，学習方略が習得できるわけではありません。同じ方略を活用する授業をその教科のその後の単元や他の教科の単元で繰り返し経験することが，方略を習得する上で非常に重要なことであると考えます。

 02 問いをもつことと振り返り

京都市立御所南小学校●小川辰巳

物語文を読むときに「まだはっきりしないところがあるな」と立ち止まって考えてみたり，友達と考えを聴き合うことを通して新しいことが気になったりすると，自分の力で読み深めることができるようになる。そのためには毎時間の学習の振り返りが重要となる。

小学校 5 年生　国語▶たずねびと

◆自己調整学習チェックリストの項目

課題興味　□課題に興味を示していたか
目標設定　□問いを広げていたか　□問いを絞っていたか
計画立案　□学習活動を決めていたか　□方法・方略を決めていたか

課題興味　□課題に興味を示していたか

　私は，本学級を担任した年度の初めから，物語を読む前には，まず題名に注目するように児童に伝えていました。本単元の課題は「物語の全体像をとらえ，考えたことを伝え合おう」でした。このような課題に対して児童が興味を示すことができるように，本単元においても「たずねびと」という題名に注目することからはじめました。題名に注目した児童は，

- 「たずねてきた人のこと？たずねる人のこと？」
- 「行方不明の人がいて探している人のことじゃないかな？」
- 「いや，探されている人のことかもしれな

いよ」

　といったようにどのような物語なのかを題名から想像し，「こんな物語だと思う」というような自分なりの仮説を立てて物語や本単元の課題に対して興味を高める姿が見られました。

図1　1時間目の板書

私は今日この物語を読んで、最後まで読んだときに、とても感動しました。一番心に残ったことは、綾ちゃんが、アヤちゃんを必死に探していて、やっと原爆の被爆者に話を聞けて、おばあちゃんに、「アヤちゃんよかったねぇ。もう一人のアヤちゃんがあなたに会いに来てくれたよ」と言っていて、私はそこから、もうアヤちゃんは生きてはいないけれども、自分の事を考えてくれる子が一人でもいて、とっても幸せ者で、自分を救えるわけじゃないけれども、とってもうれしいとおばあちゃんは思ったんじゃないかな？と思いました。なぜなら、表情も、ほうきとちりとりをわきに置くとしゃがんで供養塔に手を合わせたと書かれているから、とっても悲しんでいるけれども、うれしいという気持ちがあったんじゃないかなと思いました。
そして、私は、原爆ドームにいった綾ちゃんは、十四万人が一発の原爆に、犠牲になったことを学んでいて自分たちは笑ったり泣いたりして過ごしていたのに、一発の原爆で、それも何もかもが、犠牲になってしまって、自分だったら、信じられないという気持ちがあります。
そしていつも通りに、お弁当をたべたり、飲み物を飲んでいたのに、そのいつも通りが一瞬でなくなってしまうのは悲しいなと思います。
だからこそ自分たちももっともっと原爆の事を知って、深めたいです。

図2　初めて読んでの振り返り

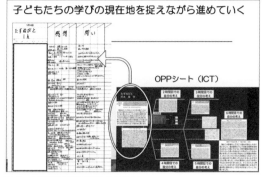

図3　1時間目の授業後の見取り

教師が物語を範読する際は，本文を読みながら，挿絵や写真を黒板に提示し，登場人物が見たものが分かるように工夫しました（図1）。この工夫も，児童が本単元の課題に対しての興味を高めるための支援でした。

範読後，この物語を初めて読んでの感想を児童が個別にロイロノートのカード（図2）に書きました。児童が記述した感想の中には，

▪「主人公の楠木綾ちゃんがじっとポスターを見ていたのでなんでそんなに気になったのかなと思いました」

▪「本当にこんなことがあったんだ（原爆のこと）と衝撃を受けました」

▪「『いくつもいくつものおもかげが重なって，わたしの心にうかび上がってきた。』とは？」

というように一人一人が興味を持ったこ

とを様々な視点で記述していました。

1時間目の授業の後，教師が一人一人の感想を読み，児童が「注目しているところ」や「まだよく分からないと感じているところ」を見取りました。図3は，その際に活用した児童の感想を見取るための記録表です。左側に児童の名前が名簿順に並んでいます。児童がロイロノートに記述した感想を読み，次の授業の指導・支援に活かせることを要約して転記しました。このように児童の感想に教師が向き合うことで，2時間目では同じようなところに注目している児童同士で考えを聴き合うことができるように，感想の記述を基に3~4人のグループを作りました。この支援により，児童は，同じようなことに関心をもっている児童と議論し，考えを深めることができ，課題に対する興味をさらに深めていくことができました。

目標設定　□問いを広げていたか　絞っていたか

同じような考えの児童同士だからこそ，話題が重なり合い，自分が注目している話題について多面的に考えることができます。グループで感想を聴き合う中で生まれた気付きや，考えがはっきりしていないことが，一人一人のこれからの追究を支えていく「問

い」になります（図4）。

図5の振り返りは本単元2時間目のグループでの聴き合いの後にK君が書いた振り返りの記述です。この振り返りには

▪「問いができた」

▪「問いがすこし解決した」

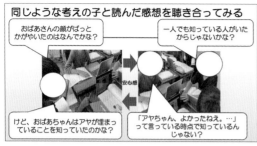

同じような考えの子と読んだ感想を聴き合ってみる

おばあさんの顔がぱっと
かがやいたのはなんでかな？

一人でも知っている人がいた
からじゃないかな？

安心感

けど、おばあちゃんはアヤが埋まっ
ていることを知っていたのかな？

「アヤちゃん、よかったねえ。…」
って言っている時点で知っているん
じゃない？

図4　2時間目の聴き合いの様子

▪「僕の一番の疑問」

といったような記述が見られ、これらの記述から感想の聴き合いを通して新たな問いが生まれたり、解決したり、またさらにはっきりしないことが出てきたりしている様子がうかがえます。このような「解決する」「新たにはっきりしないことが生まれる」といったことが問いを広げている姿であると考えます。また、問いを広げた上で、一人一人がじわじわと物語に対する興味を深

一人ひとりの学びの現在地を見取ること 　2時間目　K君

お互いの考えを聴き合って、自分が考えたこと、気づいたこと、まだはっきりしていないことなど

僕は、今日、話し合ってみて問いができました。「なぜポスターがかすったような感触が残っていたのか」と「たずね人とはいったい誰のことを示しているのか」という問いです。探されている方の楠木アヤなのか探しているほうの楠木綾なのかがわかりません。そして「なぜ、わざわざ楠木綾は広島市に行ったのか」という問いはすこし解決しました。年齢も同じで、名前の読み方の同じ、楠木アヤのことを楠木綾のほうは、すごく奇跡だと思い、なんだか不思議な感じがして広島市に行ったんだと □ さんが言っていました。S さんは、こんなことは見逃せないから広島市に行ったと言っていました。ぼくは不思議な感じがしたというのはつながりを感じたという意味だと思いました。僕の意見は、こんな事めったにないからという理由と楠木綾はお母さんがいるけど楠木アヤのほうはお母さんがいないということで、それもかわいそうだからわざわざ広島市に行ったと思いました。ぼくの一番の疑問の「なぜ、ポスターがかすったような感触が残ったのか」というのにたいして僕は分からないけどそれだけのポスターが印象に残っていて、かわいそうだと思っていたんだと思います。でも □ さんは楠木アヤの一人だけに注目せずに、他の大勢の人も見てほしいというポスターの思いで夢に出てきたんだと言っていました。どんどん読み深めていきたいです。

図5　K君2時間目の聴き合いの後の振り返り

めていくことを大切にすることで、児童の中に生まれた問いが絞られていったのではないかと感じました。このように問いが絞られていくために、教師は、今後の学習で児童が追究して行きたいことが明らかになるよう、学びを支えていくことが大切です。ここでの支え方については次節で例示します。

□学習活動を決めていたか　□方法・方略を決めていたか

友達の感想を聴き合う中で、新しい気付きやまだはっきりしていないことが生まれると、教師が何かを示さなくても児童は、一人一人がもっている課題を解決するために学ぶことができます。そこで、3時間目は児童が一人でじっくり「たずねびと」の本文と向き合う時間を設定しました。本文

一人でじっくり『たずねびと』と向き合ってみる

映像資料　　　　　　　　　ノート

問い

自分に合った
やり方で
『たずねびと』を
読み深めていく

全文シート＋ICT

図6　3時間目の本文と向き合う時間の様子

と向き合う時間とは、児童が問いの追究に向け、学習方法を自ら選択して学ぶ時間です。

まだ歴史の学習をしていない5年生の児童の中には、原爆投下という出来事についてよく知らない児童もいます。そのような児童は NHK for School を見て物語の背景を確認していました。また、別の児童は、ノートに自分の問いと叙述を矢印や囲みを使いながら整理していました。他にもロイロノートのシンキングツールを使いながら自分の考えを構造的に整理している児童など様々な方法を自分で決め、自分の問いの解決に向けて一人一人読み深めていました。

図7の振り返りは3時間目の一人で読み深める時間を終えた後に書いたK君の振り

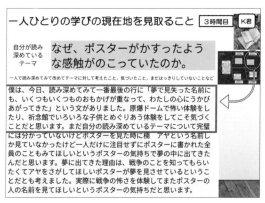

図7 K君3時間目の振り返り

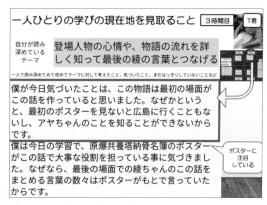

図8 T君3時間目の振り返り

返りです。K君は2時間目の聴き合いで最も追究していきたい問いとして「なぜ，ポスターがかすったような感触がのこっていたのか」という問いが生まれました。その問いと向き合う中で，K君は，自分の問いと「夢で見失った名前にも，いくつものおもかげが重なって，わたしの心にうかび上がってきた」という叙述とのつながりを見つけたり，物語に出てくる「ポスター」と何か関係がありそうだと感じたりしていたのではないかと想像できます。このように一人でじっくりと前時に生まれた問いと向き合うことで，解決したい問いが絞られていき，それぞれの追究がはじまるのです。

　ただ，それぞれの追究を大切にするからといって教師として何もしないのでは一人一人の追究を支えることはできません。毎時間一人一人が「なにを追究しているのか」「困っていることや悩んでいることはなにか」を見取り，それぞれに合った働きかけをします。

　クラスの中にはK君と同じようにポスターに注目しはじめている子がいました（図8）。そこで，同じようにポスターに注目しはじめているK君とT君で考えを聴き合うように促しました。聴き合いを終えたときの振り返りにK君は「わたしの心にうかび

上がってきた」という表現を自分なりに解釈することができたことを書いていました。T君が注目していたのは「ポスター」だけでしたが，T君は，K君から「心にうかび上がってきた」という言葉を聴いて，今自分が考えていることとのつながりを見つけることができ，もう少し「心にうかび上ってきた」という言葉について読み深めていきたいと書いていました。このように，自分の問いをもつこと，友達と考えを聴き合うこと，毎時間自らの学びを振り返ることを通して次の学習活動を決めること，そして自分の追究の方法を決めることにつながるのではないかと思います。

　児童が学習活動を自ら決めて行くことができるように，単元全体を通して図9のようなフィッシュボーンを使い，振り返りを記述しました。1枚のシートの中に書き残

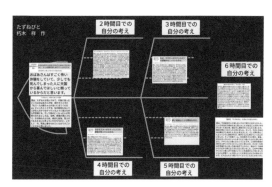

図9 振り返りシート

23

していくことで前の時間の学習をすぐに見ることができたり，単元を通しての自分の読みの変化を捉えたりすることにつながります。一人一人が自分の問いを追究する過程を支えるために振り返りシートを工夫することや教師が一人一人の学習過程を丁寧に見取り，効果的な場づくりをすることが，児童が学習活動を決めていくことにつながったのではないかと考えます。

学習全体を通して「自分の読み」の変化を捉える T君

【最終】学習全体を通して『自分の読み』の変化

僕は、最初の学習で書いたふり返りでは、あまり明確な自分の問いが出来ていなかったけれど、一人で読み深めている時に、綾の心情と言葉をまとめている時に、物語の流れについて知って最後の場面の綾の言葉にモヤモヤし初めて、その次の K さんとの交流で K さんが考えていることに驚いて、その K さんの思いを自分でかんがえてみたら、最後の自分の問いにつながったと思いました。

図10　T君学習全体を通しての振り返り

実践のポイント

自己調整の要素

動機づけ

学習方略　　　　メタ認知

　本実践は，児童が自ら問いをもち，その問いを追究していくために，教師がどのように支えていけばよいのかについて考え，実施された実践でした。児童が教材文に対する興味を深める際には，題名から物語の内容を予想して，予想したことを記述したり，物語文を読み，他の児童と感想を聞き合ったりしています。また，教師が記述された文章を表に整理し，共通する興味をもっている児童同士を同じグループにして感想を交流することができるようにしています。

　本実践では，このような手立てを行うことで，児童の物語を読み深めていこうとする動機づけが著しく高まったのではないかと考えます。そして，動機づけの高まりが，「どのように物語を読み深めていけばよいのか」という視点で，その後の学習方略を決めていく姿に繋がっていったのではないかと考えます。

探究のサイクルを回す総合学習

八尾市立安中小学校●北林佑基

実際の社会や日常生活の中で活用できる問題解決能力を身につけるために，校内の給食室から出る残菜について考えた。課題に対して児童が主体的に学習を進めるため，探究のサイクル（課題の設定→情報の収集→整理・分析→まとめ・表現）を提示し，残菜を減らすために自分たちができることについて探究的に学びを進めた。

小学校 5 年生　総合▶フードロスについて自分たちができることを考えよう。

◆自己調整学習チェックリストの項目

課題興味　□課題に興味を示していたか
目標設定　□問いを広げていたか
計画立案　□方法・方略を決めていたか

課題興味　□問いを広げていたか

　児童の主体性を高めるために，身近な環境問題であり，勤務校の課題でもあるフードロスを単元の課題として設定しました。第１時では，４年生で学んだ「ごみ処理と活用」の学習からゴミ問題について振り返りました。ゴミがどのようにして生まれるのかを話し合い課題意識を高めていきました。自分たちが減らせるゴミの中に残菜があることに児童が気付き校内での調査活動を実施しました。調査活動を行う中で，児童は，給食室前に昼休み集められる残菜に気付き，「残飯を減らさなければ」という課題を持つに至りました。そこから「どうして残菜が出るのか？」という大きな問いを持ち，全校児童に答えてもらうアンケート項目を話し合いながら，問いを広げていきました。「嫌いなメニューがあるのか？」「食べ始めと終わりの時間はどうなのか？」「どの学年でどのような残飯が出ているのか？」など，給食の残飯が多く出る理由に迫る問いを数多く導き出すことができました。

課題興味　□課題に価値を感じていたか

　課題を基に問いを広げる活動を行ったこ　とで，自分たちの学習が全校を巻き込んだ

大きな取り組みになっていくことに気付きました。そして，校内のフードロスを解決するという課題に興味をもち，この課題を解決することに価値を感じるようになりました。課題を基に問いを広げることにより，様々な解決策の見通しを想像することができたことで，課題解決に向かう意欲を高めることができたのではないかと思います。

図1　話し合いの内容を個人シートでまとめる様子

図2　見分考（みわこ）見つけた，分かった，考えたことを話し合いでさらに深める児童

計画立案　□方法・方略を決めていたか

探究的な学びのサイクル（課題の設定→情報の収集→整理・分析→まとめ・表現）を児童に提示することで，なぜ残菜が出ているのかを調査する方法を考えました。調査方法を決めるにあたって，調査を実行して正確な情報を得られることができるのかについての判断基準について話し合いました。児童が話し合う前に，「インタビューは狭く深く個人の見解などの情報が得られる方法であること」「観察は，その時の状況を把握することができるが，日常の状況までは把握できないということ」「アンケートは多人数の考えや状況を幅広く掴むことがで

きること」といった学習方法の特性について共通理解を図りました。情報収集についての学習方法を児童が理解することで，明らかにしたいことにあった調査方法を選択することができました。あるグループでは，校内の全児童にアンケートを実施することに決めていましたが，PCを活用したアンケート調査は，低学年の児童にとって難しいことに気付き，低学年に対してはアンケート調査を行わず，担任の先生にインタビューする方法に変更していました。このように調査方法の特性を知ることで，明らかにしたいことや調査対象の状況に応じで適切な

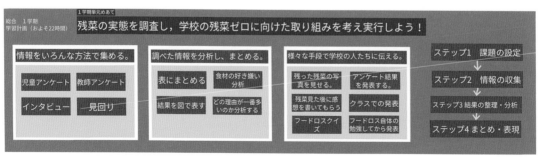

図3　一学期の単元学習計画

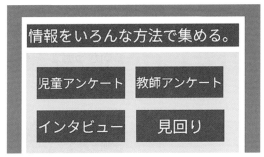

図4　児童が話し合いで導き出した情報収集の方法

方法を決めていく姿が見られました。

　図3は，あるグループがアンケート結果を集計し，分析している様子です。全児童が回答したアンケート結果と，栄養教諭の

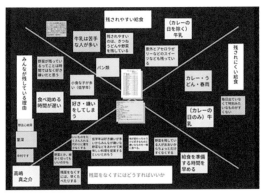

図5　4人グループのシンキングツール活用例

先生からもらった給食のメニューを基に，どのようなメニューのときに残菜が多いのかを考察していました。このグループは，給食メニューと残している理由の関係を分析するために，Xチャートを選択して，残菜を減らすための方策を考えていました。児童から出てきた方策の一つとして，多くの児童が苦手であると回答した食材を突き止め，その食材が美味しく，食べやすいメニューを考えるというものがありました。

　5年生の児童は調理実習を経験していたこともあり，考え出したメニューが給食として調理することができるのかどうかを考え上で，メニューを提案するという方法を選択していました。これまでの学習では終始，ポスターを貼るなどのアイデアばかりでしたが，収集した情報を大切にし，そこからできることを粘り強く考えることでメニューを提案するという新たな方法に繋がったのだと思います。

▶実践のポイント◀

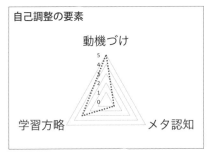

自己調整の要素

　本実践では，課題を基に，問いを広げることで，児童が学習の見通しを明確にすることができたのではないかと考えます。また，学習の見通しが明確になると同時に，その学習に取り組む価値が児童の中で芽生え，その価値が学習に対する動機づけを高めることに繋がったのではないかと感じました。

　さらに本実践では，高まった動機づけを継続するために，学習計画を提示し，学習の見通しを明確にしています。学習の見通しを明確にする際には，情報を収集方法であるアンケート，インタビュー，観察等の特徴を児童に丁寧に指導していました。このような指導が丁寧に行われたことにより，児童は目的に合った方法を自ら選択することができ，学習方法を決めることができたのだと思います。

　これらのことから，児童が主体的に学習を進めるためには，学習方法の特性を理解し，適切な方法・方略を選択することができる情報活用能力を高めることが極めて重要であると分かります。

04 「活動あって学びなし」からの脱却

新潟大学附属長岡小学校●丸山哲也

理科では，単元の導入で自由試行（教材を自由に試してみる活動）を行うことがある。その気付きを基に問題を見いだし，単元の学習計画を立てていく。しかし，実験道具を漫然と操作しただけでは，問題を見いだしていくことは難しい。そこで，思考ルーチンを活用して問題を顕在化していけるようにした。

小学校 5 年生　理科▶ふりこの運動

◆自己調整学習チェックリストの項目

目標設定　□問いを広げていたか　□問いを順序立てていたか

目標設定　□問いを広げていたか

単元のはじめに，図1のようなふりこ実験器を自由に操作する活動を行いました。その際に，考えを広げたり，掘り下げたりするときに有効な思考ルーチンである「See Think Wonder」を児童に提示しました。「See Think Wonder」は，図や写真・文章から気付いたこと，考えたこと，ひっかかったことを広げ，問いを生成する際に効果的に活用することができるルーチンです（木村 2023）。本実践では，ふりこの写真を児童が自ら撮影し，その写真をタブレットPC内のワークシートの中心に配置した上

図1　振り子の実験器

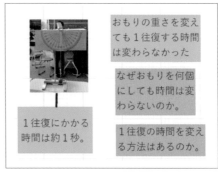

おもりの重さを変えても1往復する時間は変わらなかった

なぜおもりを何個にしても時間は変わらないのか。

1往復にかかる時間は約1秒。

1往復の時間を変える方法はあるのか。

図2　「See think wonder」で問いを広げた様子

で，写真の周りに青いカードで気付いたことや考えたこと，赤いカードでひっかかったことを書くように伝えました（図2）。すると撮影した写真を詳しく観察した上で，ふりこ実験機を自由に操作し，図2のよう

に問いを広げて行く姿が見られました。児童は，撮影した写真の観察とふりこ実験機を使った実験を通して，「気付いたこと」「考えたこと」「ひっかかったこと」を明確にし，問いを広げることができました。

目標設定 □問いを順序立てていたか

自由試行で出てきた児童の「気付き」「考え」や「ひっかかり」をクラス全員で共有し，その内容を板書しました（図3）。

図3　児童の意見を整理した板書

すると，「おもりの重さを変えても1往復する時間は変わらなかった」という意見と「おもりをふやすと，動きが遅くなる」といったおもりの重さを変えた時の1往復する時間やおもりの動く速度に着目する発言に繋がっていきました。そして，「重さ」だけでなく，「ふれはば」「ふりこの長さ」もふりこが1往復する時間に関係しているのではないかという発言がでてきました。これらの発言から，これまで児童が広げてきた問いを「ふりこが1往復する時間とおもり，長さ，ふれはばは関係しているのか？」という問いに，焦点化することができました。

その後，焦点化された問いをどのような順序で追究していきたいのかを，一人一人が図4のカードに入力し，クラス全員で共有しました（図5）。すると，自由試行で自分がやってみたことや，友達が発表してい

追究したい順に書きましょう。

①長さ

②おもり

③ふれはば

図4　問いを順序立てたカード

図5　追究したい順に順序付けられた問いを共有した様子

たこと，友達と自分の実験結果が異なっていたことなど，児童一人一人が追究したい順に問いを順序立てる姿が見られました。

児童が順序立てた問いをクラス全員で共有すると「おもり→長さ→ふれはば」の順に追究していきたいと考えている児童が多く，この順で条件を変えて学習を進めていくことにしました。

自由試行では，ただ実験器具を操作してみるだけで何の気付きや疑問も生まれず，学びのない活動に陥ることがあります。しかし，今回の実践のように思考ルーチンを活用していくことで，様々なことに気付き，

それらを整理し，問いを焦点化していくことができました。

また，今回の実践では，実験器具の数に限りがあったことから，追究していく順序を統合せざるを得ませんでした。日本の理科では実験器具がグループに１つということが当たり前となっていますが，他国では一人に１台の実験器具が準備され，一人一人が実践を取り組むように整備されている国も少なくありません。今回の実践でも，環境が許せば，児童が自分で決めた順序で一人一人の興味を基に実験を進めていくことができることが理想であったと思います。今後は，児童がさらに主体的に学びを進めるために，実験器具等の整備を進め，さらに学習を自己調整できる環境と作っていきたいと考えています。

〈参考文献〉
・木村明憲（2022）主体性を育む学びの型
・木村明憲（2023）自己調整学習

▶実践のポイント◀

自己調整の要素
動機づけ
学習方略
メタ認知

本実践では，ふりこ実験機を児童が自由に操作しながら，「See Think Wonder」で「気付き」「考え」「ひっかかり」の順に問いを広げています。そして，広がった問いを，共有した上で，，追究したい順に優先順位を決めています。

児童が問いを生成することは，難しいことであると思われがちですが，それは，児童自身がこれまでの学習経験の中で問いを生成する経験を十分にしてこなかったことと，問いを生み出す方略を身につけていないことに原因があるように思います。本実践では，児童が問いを生み出すために「実験機の操作」「思考ルーチンの活用」「問いの順序立て」の手立てがなされています。これらを経験する中で，児童は，問いを広げるための思考ルーチンや，生成された問いを順序立てる方略を身につけることができます。このような方略は身につけるとすべての教科・領域といった学習面だけでなく，生活面にも応用することができます。学習方略を習得することが，学びの深まりや日常生活の充実へとつながっていくと考えます。

05 思考ルーチンを活用した思考の可視化

大阪市立今里小学校●斉田俊平

本実践では，児童が暮らす身近な町に焦点を当て，自分たちと地域の商店街の人々との関係の重要性を認識し，その視点から町の未来の姿を考える学習を通じて，児童が豊かな未来の担い手として育つことを目指した。そのために，地域の課題解決に向けて主体性を持って取り組むことが大切であり，児童が学習を調整する際に，自ら問いを広げ，明確にするために思考ルーチンを活用した。思考ルーチンによる思考の可視化により，学習者の関与感を高め，理解を深め，自立を促すことで，課題解決に向けて主体性を持って取り組む姿に繋がった。

小学校 6 年生　国語 ▶ 町の幸福論

◆自己調整学習チェックリストの項目

目標設定　□問いを広げていたか　□問いを順序立てていたか
　　　　　□問いを絞っていたか

目標設定　□**問いを広げていたか**
　　　　　□**問いを順序立てていたか**
　　　　　□**問いを絞っていたか**

導入では，実際に商店街を訪れ，商店街

図1　商店街でインタビューを行う児童の様子

の利用者や働く人に対する調査活動を行いました（図1）。地域で暮らす人々の「リアルな声」をもとに児童は課題発見に取り組むことで，「個人にとってよい町」と「みんなにとってよい町」とを切り分けて考えていくことができました。

　学校に戻った後，具体的な商店街の特徴や営みに関する情報を整理するために思考ツールを活用し，観点ごとに整理しまし

図2　思考ツールの活用（Think Training　See Think Wonder）

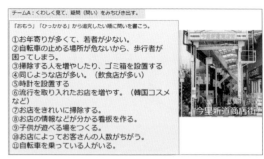

図3　問いを順序立てる

た。図2の思考ツールは，思考ルーチンの See Think Wonder とシンキングツールのイメージマップを組み合わせた教材（Think Training）です。まず，実際に現地への調査活動を行った際に，直接＜見てきた＞ことをイメージマップ に記入しました。例えば，おしゃれなお店が多いと感じたり，長い間営業している店があると感じたりしたことを記録しました。同様に，自転車の多さや道の狭さなど，問題点を記録しました。次に，〈見てきた〉ことに基づいて，〈思う〉に自分の考えや感想を記述しました。〈思う〉の記述例として，おしゃれなお店があれば，お客が増えるかもしれないといったアイデ

アを挙げました。また，問題点についても，「道が狭いから決められた場所に自転車や物を置いてくれれば通りやすいと思う」など，改善策を考えました。最後に，〈ひっかかる〉に2つの視点から，追究したいトピックを整理し，「問い」を明確にしていきました。

次に，これらの活動で明確にした〈思ったこと〉〈ひっかかったこと〉から，「問い」を導き出し，追究したい順に順序立てました（図3）。そして，それらの問いから予想させる「取り組むべき事柄」を考え，Think Training の「赤信号（今すぐに取り組むべき）」「黄信号（今後取り組む必要がある）」「青信号（すぐには取り組む必要がない）」に分類しました（図4）。このように，分類する

チームA:「今里新道商店街」
未来の商店街に向けて取り組むべき事柄を「赤信号」「黄信号」「青信号」に分けて、考えを深めよう。

①赤信号 商店街に求められており、今すぐ取り組んだ方が良いと思うことを書く。	②黄信号 今すぐに取り組む必要は無いが、今後取り組んでおく方が良いことを書く。	③青信号 特に問題はないので、取り組む必要がないことを書く。
自転車やポイ捨てに関するポスターや看板を作る 子供向けのお店をつくる （駄菓子屋など） シャッターが閉まっている店を百円ショップみたいに屋台みたいにする 高齢者が多いから若者に合わせた商品を取り入れる 最近できた新しいお店だけじゃなく昔からあるお店も、もっと目立つように看板を立てたりする。（奥に行くにつれて昔のお店が増えるから）	ゴミ箱を設置する・掃除する人を増やす きれいで明るい店が増えると来る人が増えるかも 自転車置き場をつくる デリバリーできる店を多くする 時計を設置する	もっといろいろな店、を増やしたほうがいい 薬局が少ない

図4　「赤信号」「黄信号」「青信号」によるグループ分け

ことで，その後の活動をどのように取り組めばよいのかが明らかになり，取り組むべき問いを焦点化することができました。

　これらの思考ルーチンのプロセスを視覚的に表現することで，課題に対する意識を高め，本質的な問題の解決に向けて主体的に迫っていく姿が見られました。

本実践で活用した思考ツール
（Think Training 教材は左記から）

┈▶実践のポイント◀┈

自己調整の要素

　本実践では，目標設定において，問いを広げたり，順序立てたり，絞ったりする際に，思考ルーチンが効果的に活用されています。思考ルーチンは，考えを深めたり，掘り下げたりすることを手順化した一つの思考ツールです。本実践で紹介されている See Think Wonder を例に説明すると，まず写真等から「見えること（See）」を書き出します。そして，見えたことから「思ったこと（Think）」を書きます。最後に，見えたことや思ったことを基に「ひっかかったこと・問い（Wonder）」を導き出すのです。このような手順を踏むことで，問いを広げやすくなります。

　本実践で活用されたシンキングツールや思考ルーチンを児童・生徒が習得すると，自ら学習方略を選択し，主体的に学びを進めていくことができるようになります。このような思考ツールを使いこなすことができる力である情報活用能力を育成することが，児童が自らの学習を調整する力を育むことにもつながるのです。

06 子どもたちが主体的に学習するための計画表

熊本市教育センター●荒川美穂子

本実践は，学びを生かし表現する学習として地域の「安全マップ」作りに取り組んだ実践である。授業では，主体的で協働的な学びを行えるようマップ作りの手順や時間配分を考え，学習の計画表を作成したことで，児童が自らの学びを進めていった。

小学校 3 年生　社会 ▶ 事こや事けんからくらしを守る（「五福安全マップ」を作ろう）

◆自己調整学習チェックリストの項目

目標設定　□問いを絞っていたか
計画立案　□学習活動を決めていたか　□方法・方略を決めていたか
　　　　　□時間配分を決めていたか
自己効力　□学習をうまく実行することができるかを考えていたか
結果予期　□学習の最後に創り上げるもの（価値）を予想していたか

目標設定　□問いを絞っていたか

　児童は，学習の導入で自らの生活を振り返り，地域の安全を守る施設や危険な場所について考えました。そして，自分たちだけでなく，五福小に通う児童みんなが安全に過ごせるように地域の「安全マップを作ること」を，単元を貫く課題として設定しました。そして，マップにどんなことを載せればいいのかについてグループで話し合い，話し合いから出た問いを，キャンディーチャート（図1）を使って絞りこんでいきました。このチャートを使ったことで，その後の学習で「調べること（学習内容）」が

3つに絞られました。さらに調べることに対する「調べ方（学習方法）」を考えるきっかけにもなり，その後の学習の見通しを明

図1　問いを絞るためのキャンディーチャート

確にすることができました。

　このように問いを絞ったことにより，児童は，地域のさまざまなところに設置されている交通施設，交番を中心とした警察署の仕事，安全を守るための地域の人々による活動などの学習内容の中から自らが追究していきたい問いを焦点化して情報を収集し，学びを深めて行くことができました。

　絞った問いについてどの程度追究することができたのかを明らかにしていくために授業の終末に，振り返りシートを配付し，その授業で「うまくいったこと・その理由」「うまくいかなかったこと・その理由」「マップにのせたいこと」（図2）について記述する枠を設け，記述するようにしました。そのような枠を設けたことで，この時間で学んだことが，マップ作りにどう繋がるかを考

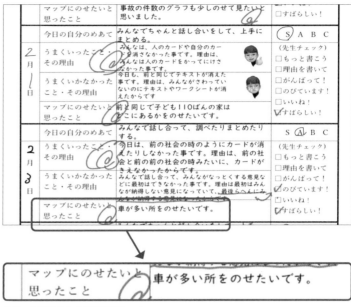

図2　1時間ごとの振り返りシート

えることができました。キャンディーチャートで絞った問いと，個人の1時間ごとの振り返りは，その後に取り組むマップ作りの計画を具体的にする際に改めて見直し，何をどのようにマップに表すかを考えることに役立ちました。

計画立案　□学習活動を決めていたか

　安全マップ作りでは，校区を4つに分割し，分割した地域に住んでいる児童でグループを編成しました。なるべく自分が住んでいるエリアを担当することで，マップ上の場所と実際の場所を結びつけることができるようにしました（図3）。

　今回，児童は，自分たちで学習計画を立てることが初めてだったので，これまでの学習で記述してきた「マップにのせたいこと（図2）」を計画表に貼り付け，児童に配付しました（図4　A）。

その際，児童同士がタブレットPC内で協働

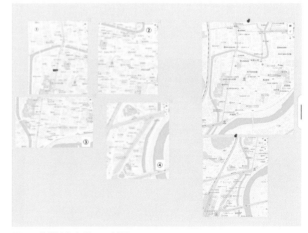

図3　分割された校区の地図

編集することができる共有ノートを使用し，グループの誰もが計画表を作成するための話し合いに参加しやすくしました。

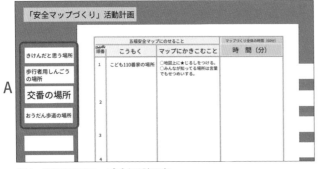

A

図4　学級共通のマップづくり計画表

児童は，自分のタブレットの画面を確認しながら，担当するエリアのマップを作成するために，必要な学習活動を選択し，学習の計画を決めていました。このように，学習活動が書かれたカードを貼り付けた計画表を配付することで，学習活動を自由に動かしながら選択し，順序立てていくことができるので，お互い考えを伝え合いながら試行錯誤して，グループの目標に合ったマップ作りの計画を決めることができていました。

計画立案　□方法・方略を決めていたか　□時間配分を決めていたか

次に，計画表で決めた学習の計画をどのように実行していくのかについて話し合いました。マップ作りをする上ですべての班が共通に載せる必要がある情報（こども110番のいえ）は学級全体で載せ方を考えました。

児童は，計画表の「マップに書き込むこと」の枠に，マップに何を載せるのかを各々で書き込みながら，これまでに調べてきたことを，どのような言葉や記号で載せるかを話し合いながらマップを作成していました（図5）。また，それぞれの項目にどのくらいの時間がかかるのか予想し，活動の時

間配分を決めていました。

予めマップの作成にかけられる時間を伝えていたので，それをもとに，どの項目にどれだけの時間がかかりそうなのかを予想して，計画表に時間配分を書き込む姿が見られました。

単元の初めからグループ学習を中心に進めていましたが，ずっと同じメンバーで学習してきたので，「自分たちのグループはこの項目にたくさん時間がかかりそうだ」とこれまでの経験やメンバーの学習の進め方なども考慮して時間を決めることができていました（図6）。

図5　学習計画について話し合う姿

図6　計画表に時間配分を入力する様子

自己効力 □**学習をうまく実行できるか考えていたか**

その後，グループでの話し合いで作成した計画表をもとに，同じエリアを担当するグループ同士で，計画表を見せ合いアドバイスする時間を取りました（図7）。計画表を確認し合うことで，そのエリアの中で見落としているところや時間内に目標を達成することができるのか，適切な方法を選択しているのかについて検討することに繋がりました。

また，時間配分に大きく偏りがある時に は，「どうして，そんなに時間を取ったの？」と理由を尋ねる姿が見られ，尋ねられた方も，もう一度自分たちの計画を「本当にこれだけの時間が必要なのか」といった視点で見直し，修正することができていました（図8）。その際も，時間配分のカードを動かせるようにしていたことから，計画の修正が簡単にでき，どのグループも時間内に計画表を作ることができました。

図7　計画表を見合っている様子

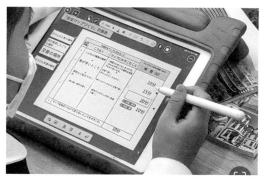

図8　計画表を修正する様子

結果予期 □**学習の最後に創り上げるもの（価値）を予想していたか**

単元全体を見通した単元計画図を児童と共有することで，どの時間の学習も最後に作る校区の安全マップに結びつけながら学習を進める姿が見られました。1時間ごとの学習計画には，大まかな学習活動とその時間で使うワークシートを入れたことで，児童が学習の出口であるマップ作りを想定しながら学習に臨むことができていました（図9）。

また，今回の校区の地図作りは，

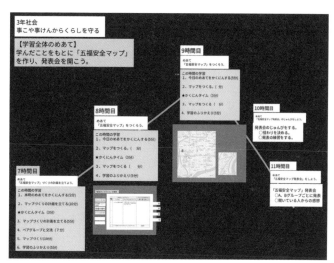

図9　単元計画図

共有ノートを使って行ったので，グループでリアルタイムに情報を共有しながら学習を進めることができました。お互いの活動の進み具合を知ることができるので，自然と教え合う様子が見られ，協働的な学びが実現しました。このように単元全体の計画を図にして児童と共有することで，学習の最後に作り上げるもの（マップ）を意識しながら学習を進める姿に繋がったと考えます。

⋯▶ 実践のポイント ◀⋯

自己調整の要素

本実践は，目標を設定する際に，児童が導き出した様々な問いを，キャンディーチャートで3つに絞り込み，それらの問いの解決方法（学習方法）を明らかにしています。このように単元のはじめに，目標と目標を解決するための学習方法を考えておくことで，児童は学習に対する見通しを持ち，その後の学習に対する動機づけを高めることができると考えます。

また，目標を明確にした後に，マップづくりの計画表を児童が自ら作成をしています。本実践では，3年生の児童がはじめて計画表の作成に挑戦するということで，それまでの学習で児童がマップに載せたいと考えていた事柄を，教師が事前に計画表に貼り付けて児童に配付しています。児童は，取り組んでいきたいことが明らかにされた計画表が配付されたことにより，それらの優先順位を考え，学習計画を作成することができていました。

このような児童の姿から，配付された計画表で計画を立てたことにより，児童は学習計画を立てる方略を身につけることができたのではないかと考えます。

07 学習計画の立案を支援するツールの活用

大阪市立今里小学校●斉田俊平

本実践は，Google スプレッドシートで作成した学習計画表を使用し，初歩の学習調整者による学習計画の立案を支援することを目的として行った実践である。「実行する」フェーズで児童が効果的かつ効率的に学習するためには，計画が重要である（合田ら 2014）。しかしながら，自己調整学習に不慣れな学習者の特徴として，計画段階において一般的な遠い目標を設定する傾向があるとされている（張ら 2012）。そこで，本実践では，学習目標と計画を一体とした計画表（Google スプレッドシート）を用いて，具体的で近い目標を立てるとともに，目標達成に向けた学習計画の立案を支援した。

> ## 小学校 **4** 年生 ｜ 国語 ▶ みんなで新聞をつくろう

◆自己調整学習チェックリストの項目

目標設定　□問いを順序立てていたか
計画立案　□学習活動を決めていたか　□時間配分を決めていたか
結果予期　□学習の最後に創り上げるもの（価値）を予想していたか

目標設定　□問いを順序立てていたか

学習者の計画遂行が失敗する原因として，渋谷・鈴木（2016）は「計画の甘さ」が要因の一つであると指摘しています。また，張ら（2012）は，初歩の自己調整者においては足場かけの支援を行うことで，自己調整の上達を促すことに繋がったとしています。つまり，自己調整学習を始める初心者に対して，学習計画の立案を支援することで，自ら学びを調整する能力の向上が期待できます。したがって，初めて自己調整学

習を行う児童に向けて，Google スプレッドシートを用いた学習計画表（図1）を活用し，具体的な目標設定と計画立案の方法を支援

図1　学習計画表の全体像

することが学習者の自己調整に直結するのではないかと考え，本実践を行いました。

まず，目標の設定について言及します。Google スプレッドシートを使用することで，自己調整学習のサイクルである「見通す」「実行する」「振り返る」の各フェーズでの活動内容を「めあて（課題）」として児童に分かりやすく示すことができました。児童はこの計画表に示されためあてを基に，1時間ごとの目標を設定することができました。また，1時間ごとのめあてに基づいて，新聞制作の具体的な学習活動を明確にすることができるように，児童が行う活動を図2のようにプルダウンから選択することができるようにしました。

この Google スプレッドシートを通じて，児童は本時の目標を設定し，それに基づいて具体的な学習計画を立案することができました。学習目標と計画が統合されることで，目標達成に向けた具体的な学習方法・方略を考えるプロセスが明確化されたのではないかと考えます。また，学習計画が細分化されることで，課題や改善点が明確に

図2　学習方法を選択する一覧

なり，次時の目標設定においても，具体的で実現可能な近い目標を立てる児童の姿が見られました。さらに，次時の導入場面において前時の振り返りの内容を確認する時間を設けることで，前時の学習の成果や課題が，次時の目標に連動し，単元全体での連続性が確立されました。これらの要因から，Google スプレッドシートを活用したこの実践は，学習計画や学習方法・方略を改善する手段として機能し，児童が自ら学習を調整する姿に繋がりました。

計画立案　□学習活動を決めていたか

本時における計画の立案は，毎時間における導入の5分で実施しました。学習計画において，新聞づくりに必要な22の学習活動を列挙しました（表1）。これらの22の活動項目は，児童が新聞制作に向けて作成した新聞レシピから活動内容を整理し，項目化したものです。これらの項目を Google スプレッドシートのプルダウンに表示し，児童が個別に学習活動を選択し，計画を立てることができるようにしました（図2）。また，プルダウンに含まれていない活動を

■表1　新聞づくりで取り組む学習活動の内容

1.題字を考える	9.表を作る	17.写真をはる
2.置き場所を考える	10.調べる	18.グラフをはる
3.記事の分量を考える	11.図をえらぶ	19.図をはる
4.取材方法を考える	12.さつえいする	20.表を入れる
5.アンケートを作る	13.小見出しを考える	21.記事を確認する
6.インタビューする	14.下書きをする	22.記事を修正する
7.集計する	15.記事を書く	
8.グラフを作る	16.小見出しを書く	

追記するためのテキスト入力の枠も設け，児童が自由に学習計画を立案することができるようにしました。この方法により，児童は新聞制作の学習活動をどのように実行させるかを考え，主体的に計画を立てる姿

図3　児童の学習の様子

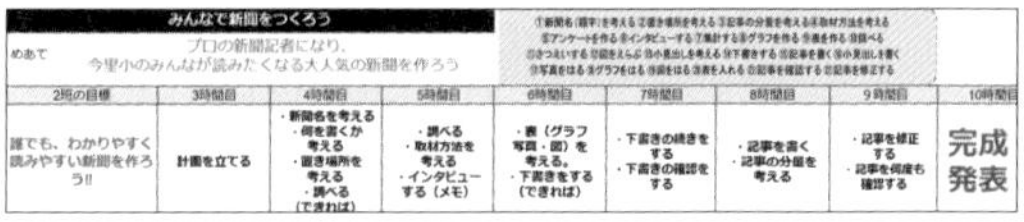

図4　学習計画のグループの目標が示された欄

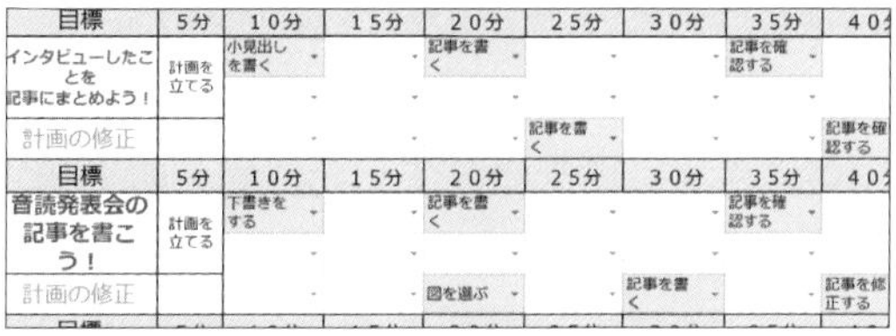

図5　計画の修正を入力する欄

が見られました。

　新聞づくりは，グループで協力して一つの新聞を完成させる作業です。そのため，各児童の活動が均等でないとグループ全体の進捗が遅れる可能性があります。この問題に対処するために，グループ全体の目標と計画を立案する必要がありました。グループの共通の目標と学習計画を Google スプレッドシート上に可視化し，児童はそれに従って個別の学習計画を立てるように促しました（図4）。これにより，児童はグループ全体の計画を考慮しながら，自らの進捗状況を調節する姿が見られました。

　また，「実行する」フェーズにおいて，予期せぬ問題が発生したり，遅延が発生したりすることが予想されました。そのため，学習の途中で計画の修正を行う時間を設けました。さらに，学習計画には計画を修正したことが容易に分かるように「計画の修正」という枠を作成し，修正した学習内容を新たに入力できるようにしました（図5）。Google スプレッドシートを活用することで，児童は容易に修正できました。児童は進捗状況に応じて柔軟に計画を修正する姿が見られました。

計画立案　□時間配分を決めていたか

　本実践で活用した学習計画表は，時間軸を設定し，5分ごとに学習活動を計画できるように工夫しました（図6）。この5分ごとの詳細な計画は，1時間の学習活動を抽

5分	10分	15分	20分
計画を立てる	小見出しを考える		記事を書く
	小見出しを書く		
			記 く
5分	10分	15分	20分
計画を	小見出しを考える		記事を書く

図6　学習計画の時間配分の軸

象的で大まかな計画（例：新聞記事を書く）ではなく，具体的な活動（例：インタビューする⇒インタビュー内容をまとめる⇒記事の下書きをする⇒記事を書く）に詳細化し，学習活動を明確にしました。この時間の細分化により，児童は各活動に対する時間配分を意識することができました。また，作業の進捗状況を確認しながら学習を実行できるようになり，作業効率の向上にも寄与しました。具体的な児童の姿として，作業が早かった児童は，作成した記事の内容を

41

再確認し，内容を改善するなど，新聞制作をより丁寧に仕上げる様子が見受けられました。一方，作業が遅れていた児童は，振り返りの中で「次の学習では作業を早め，記事を作成する」との自己評価を行い，次時の学習で作業を効率化し，記事の制作を迅速化する計画を立てました。このように，計画段階で時間の配分を意識する姿が見られ，学習活動を調整しながら計画通りに新聞を作成することができました（図7）。

これらの経験から，学習計画を立てる際に，学習活動を詳細化することで，児童は活動間の隙間を埋め，時間を効果的に活用しながら，主体的に学習に取り組むことができました。

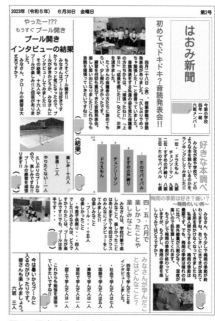

図7　児童が作成した新聞

結果予期　□学習の最後に創り上げるもの（価値）を予想していたか

単元の導入では，実際の新聞記者を講師として招聘し，出前授業を実施しました（図8）。この出前授業において，新聞記者から新聞の制作方法や記事の書き方のコツを学び，新聞制作に対する興味や関心を高めました。また，新聞制作に向けて講師から評価を受けることを事前に決めており，児童は相手意識をもって取り組むことができました。このような活動を通して，児童は，

最終的に何を制作するのかを予測し，その目標に向かって積極的に活動する姿が見られました。

この目標に向かう過程で，児童は繰り返し原稿を読み返し，修正を加えるなど，積極的に新聞を作成する姿が見られました。完成した新聞は教室前に掲示し，全学年の児童や保護者と共有しました（図9）。また，児童の提案に基づいて，QRコードを使用してオンラインアンケートを実施しました。これにより，児童や保護者など多くの人からの他者評価を収集し，学習の価値づけを行うとともに，今後の学習に生かそうとする姿が見られました。

図8　出前授業の様子

図9　掲示された新聞

〈参考文献〉
・合田美子，山田政寛，松田岳士，加藤浩，齋藤裕，宮川裕之（2014）自己調整学習サイクルにおける計画とリフレクション:授業外学習時間と英語力との関係から.日本教育工学会論文誌，38（3）:269-286
・張セイ，森本康彦，宮寺庸造（2012）初歩の自己調整者の成長を促す自己調整学習支援システムの開発.日本教育工学会論文誌，36（Suppl.）:177-180
・渋谷弥生，鈴木栄幸（2016）学習計画の立案と遂行を支援する手法の提案及び評価.日本科学教育学会研究会研究報告，vol31，No.4:95-98

→実践のポイント←

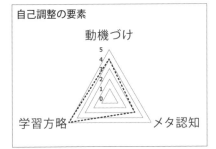

自己調整の要素

動機づけ

学習方略　　　メタ認知

　本実践では，実践者の斉田先生が考案された学習計画が非常に秀逸であると感じます。この学習計画表には，グループでの計画とともに個人の計画も一緒に立案することができます。したがって，グループで立てた計画を参考にしながら一人ひとりの児童が自らの学習計画を考えることができるのです。また，1時間の細かな計画を立てる際に，新聞を作成する上で必要な活動を選択することができるようになっており，それを5分単位で設定することができるように工夫されています。このように5分単位の学習活動を設定できることが，その時間の計画を可視化し，児童が主体的に学習を進めていく上で大変効果的であると感じます。

　さらに，学習計画を立てた後は，その後の活動が順調に進んでいるのかを確認する必要があります。この学習計画表には，授業途中に学習の進捗を確認し，修正が必要であると感じた際に，はじめの計画を残して，新たな計画を入力することができるようになっています。この仕組みは，児童が学習を振り返る際に役立ち，授業のはじめの段階の計画と，授業途中に修正した計画を比較し，はじめの段階の計画のあまさに気付くことできるのです。

　そして，このような気づきが，児童の計画を立案するスキルを高め，より的確な学習計画を立てることができるようになっていくのだと考えます。

08 個別最適な学び・自己調整を「My課題」で

幌延町立幌延小学校●黒川透 / 石戸谷和利

本実践では，児童自身が学習を自己調整し個別最適な学びを実現するために，「言語活動の自己決定」を位置づけた。国語科では，児童の「なぜ？」や「考えてみたい」を軸に単元を構成することが，学習者主体の「自己調整が必要な授業づくり」を構築する足がかりになるのではないかと考えた。

| 小学校 **4** 年生 | **国語**▶ | 場面の様子や，登場人物の気持ちを想像しながら読もう | **「白いぼうし」** |

◆**自己調整学習チェックリストの項目**

目標設定　□問いを広げていたか　□問いを絞っていたか
計画立案　□学習活動を決めていたか
結果予期　□学習の最後に創り上げるもの（価値）を予想していたか
目標志向　□目標がどのような能力を向上させることに結びつけているのかを考えていたか

目標設定　□問いを広げていたか

　本実践では，「読むこと」における個別最適な学び，自己調整を伴う学びとして，単元の柱となる「ゴールの言語活動」を自分で設定して取り組む「My課題」を設定する実践を行いました。

　主体的な読み手を育むため，自分の問いや疑問から，「My課題」を決めて追究することを単元の軸に据えました。単元の序盤には，この物語の「なぜ？」や「考えてみたい」を見つけることを目的にして，教材文の全文を読みました。児童から挙がった「なぜ？」や「考えてみたい」は，学級全体で交流する時間をとった後に，自分の追究課題（My課題）にしていきました。このように「なぜ？」や「考えてみたい」ことを視点に教材文を読むことで，児童が自らの問いを見つけ，それらを広げていく姿に繋がりました。

　表1は，本実践の単元計画です。まず，教材文を一度読んだ段階で，自分のMy課題について，友達と協働しながら，自分なりの予想や考えを端末に打ち込んだり，ノートにメモしたりする活動を行いました。

　その後，指導事項に沿ってクラス全員で読み取る時間を設定し，読み取ったことや

■表1　本実践の単元計画

時	個別最適な学び〜学習の個性化を軸にした　『白いぼうし』　単元計画　全10時間
1	○単元の目標とゴールの言語活動を知り、単元の見通しを持つ。
	○全文read みをし、疑問に感じたこと、取り組んでみたいことを基に、追求したい「My課題」を持つ。
2	第1次「追究①」My課題の追究への見通しを持ち、自分なりにまとめる。
3	○物語のだいたいの全体像を捉える。
	○自分が追求する My課題に取り組むための見通しをもつ。
	○My課題について、今の段階で、自己調整しながら自分の考えをまとめてみる。
4	第2次　My課題を深めるために、指導事項に沿った内容をみんなで読み取る
5	○物語の特徴や表現の工夫、中心人物の人柄、などを読み取る。
6	○児童から挙がった「なぜ?」や、中心人物の心情について考える。
7	○「物語の3つの変化」や、結末の場面について考える。など
8	第3次「追究②」ゴールの言語活動。自己調整を働かせ My課題を完成させる！※8〜9時
9	○ゴールの言語活動（「My課題」）に取り組む。
10	○My課題を交流し、読みや考えを深める。
	○単元のまとめ・振り返り〜この単元での学び、できたことを整理。活動の仕方も見つめる。

（注釈）自分の抱いた問いや考えてみたいことを、単元の自分の「My課題」として設定する。

（注釈）指導事項に沿って、みんなで読み取っていく中盤。ここでの学びや協働を「My課題」に追究する時間をとる。

（注釈）第2次での学びを生かし、自己調整を働かせながら「My課題」を完成させる。

考えたことで、My課題に生かすことができることを追記していきます。そして、単元の最後に My課題を完成させる、という流れです。

児童が、効果的な学びとなる「なぜ?」「考えてみたい」を見出すことができるようにするには、以下のポイントがあると考えます。

一つ目は、お話の「設定のなぜ?」は考えても意味がないことを、授業を通して理解させていくこと。「考えると,深まりそうな?を考えながら読もう」と、言葉や表現に着目したり、様々な考えが出て深まりそうな内容の問いを考えたりすることができるような授業を、日常的に積み上げていくことです。

二つ目は、「どんな疑問・問い」を考えるとおもしろいか、読みが深まるか、学びとして効果的か、について児童に見つめさせることです。物語を深くおもしろく読むために必要なことを学んできた児童は、色彩や表現技法等の言葉に着目したり、様々な考え出てきて深まりそうな「なぜ?」を考えたりすることで、その単元で身につけるべき学習内容についての理解が深まる効果的な問いを見いだすことができました。

目標設定　□問いを絞っていたか

児童から挙がった「なぜ?」や「考えてみたいこと」の中から、自分がこの単元で追究したい「My課題」を決めていきます（図2）。この時に、自己決定の決め手となることは、「意欲を持って取り組めそう！」「読みが深まりそう！」「単元の目標を達成できそう！」という観点です。このような観点を基に考えていくことが問いを絞ることに繋がります。教師として「児童が決めた内容が、単元の柱であるゴールの言語活動になる。果たして、それでつけたい力が達成できるの？到達点がばらばらになるのでは？」ということが気になるかも知れません。実は、私も以前に、そのように思わずにはいられませんでした。しかし、児童は、これまでの物語の学習で、「どんなところに注目したり、どんなことを考えたりすると読みが深まるか」「楽しく、おもしろく読めるか」ということについて、実感を積み上げてきました。この「積み上げ」が,つけたい力に結び付く「なぜ?」や「考えてみたい」という問いを児童が絞り、教科の目標を達成することにつながる学びの土台となりました。問いを絞るためには、教材文を深く読み取り、自らの

みんなの「なぜ?」「考えてみたいこと」〜物語を深く読むのにOK！

○お話の内容のなぜ?
　①なぜちょうは女の子になって松井さんのところに?
　②お話にはなぜ色がいっぱい出てくるのか。
　③なぜ最後のちょうちょの場面は、あのように表現いっぱいなのか。
　④最後に松井さんはどう思ったのか。(大事！！「変化3」だ！)
○なぜ色やにおいの表現がいっぱいなのか。
○中心人物の変化は? (変化3)
○中心人物に手紙を書くとすれば? (変化を生かして)
○物語のタイトルや主題（テーマ）は?
○物語のその後は?（松井さん日記やその後　※変化を生かして）

図2　「なぜ?」「考えてみたいこと」の例

考えをまとめ，それを友達と交流することを通して，児童自身が何を追究していきたいのか考え，明らかにしていく行為を実感することであると考えます。これまでの学びや活動を実感したり，再確認したりすることができる環境・学習活動（掲示や端末など）を意図的に設定することが，児童が問いを効果的に絞ることにつながると考えます。

また，単元序盤に，My課題について仲間と交流する学び合いの場面を設定すること

で，自分のMy課題について，内容を整理したり，絞ったり，深めたりすることにつながると考えます。

※「学びや実感を積み上げていないからできません…」と思う人もいるかもしれません。その場合は，教師から効果的な深まる活動の例を出したり，これまでやってきた言語活動を思い出させながら考えさせたりするなどをして，児童の「問いを設定する能力」が高まってくるまで，こちらからある程度選択肢を出すなど，支援しながら進めていくことが大切であると考えます。

計画立案　□学習活動を決めていたか

単元の全体構成にあるように，「My課題」は，単元の序盤に設定し，学級全体で読み深めていく時間の前に，自分なりに読みとったことや考えたことをまとめていきます。その際に，「一人で進めるのもよし」「テーマが同じだったり深まったりしそうな友達と協働してもよし」というように，学習の進め方も児童が自己決定します。これが本実践の「学習活動・方法を決めていたのか」に当たり，自己調整の力を育むものとなります。

児童は，必要に応じて同じテーマの友達の意見を聞いて話し合ったり（自己調整を働かせた協働的な学び），教材文を読み返したりするなど，自ら学習方法を決め，活動を進めていく姿が見られました。その姿は自分で決めた学習計画に基づき，自らが選んだMy課題を意欲的に解決しようとする姿でした。「国語，早くやりたいです」「物語の活動，楽しい」という声が明らかに増えたことから，個別最適な学び，学び方を自己調整する方法の大きな効果を感じました。図5は児童が設定し，完成させたMy課題の内容です。

図3　ペアで活動を進めている様子

図4　個人で活動している様子

白いぼうし　My課題「松井さんにお手紙を書くなら」

松井さんは、あの女の子がちょうだとわかった時、どう思いましたか？私も、車に乗ってきた女の子があのちょうだと思いました。なぜなら、「疲れたような声」のところが、逃げようとしてぼうしの中でバタバタしていたからだと読み取れたからです。松井さんは、ちょうの声が聞こえた時、どう思いましたか？私は、「よかったね。」「よかったよ。」、という声が聞こえたので、「いいことをしたんだな。ちょうを助けられたな。よかったな。」と松井さんは思ったと考えました。

松井さんは女の子がちょうだとわかって、びっくりしたことでしょう。「踊るように飛んでいた」ように見えたということは、ちょうも喜んでいると思いましたよね。松井さんは、あの時、「帽子を開けて本当に良かったな」と思ったのではないかな、とみんなで読み取りましたよ。松井さん、どうですか？すてきな出来事に出会えましたね。こんな出来事に会ったら、私だったらホカホカします。

幌延小学校　4年　〇〇〇〇より

図5　児童が完成させた My 課題

結果予期　□学習の最後に創り上げるもの（価値）を予想していたか

国語科では，児童が第1時間目に単元の見通しをもつことが大切であると考えています。この単元で，どんな力をつけていくのか，そのためにどんな学習をし，どんなゴールの言語活動に取り組むのかを，必ず確かめます。ですから，児童はゴールの言語活動のイメージ，価値を抱いて学習を進めていきます。

My 課題は，単元の途中でミニ活動として扱うこともできますが，本実践では，ゴールの活動として扱いました。My 課題を学習の最後に創り上げるもの（価値）とすることで，児童は「これができたら，この単元の目標は達成なんだ」という強い意識で取り組むことができます。この「白いぼうし」でも，児童は，この教材で読み取ったり，考えたり，話し合ったりしてきたことを全て生かし，学習の進め方や協働の仕方など，自己調整を働かせながら一生懸命に取り組んでいました（図6）。

ただ，自分で決めた活動を，ゴールの言語活動と位置づけるためには，不可欠な留意点があります。それは，教科の学習としてつけたい力や到達点に「ずれ」がないかということです。このような「ずれ」が生じないようにするための方策を次節で触れていきます。

白いぼうし　My課題「なぜこの物語には色がいっぱい？　」

名前：〇〇〇〇

・緑と水色を使って、最後の松井さんの優しさや、お話のさわやかさを表現していると思いました。

・なぜ「白いぼうし」？⇒白はふわふわしているイメージがあります。助けられた蝶は女の子になってあらわれた。そんなふしぎな感じを出すために、白にしたのかなと思いました。

・最後の場面の「白いちょうが二十も三十も、いえ、もっととんでいました。」のところは、みんなで仲間のちょうがどこに行ったか探すために飛んでいて、みんなでよろこんでいると思いました。あの女の子になったちょうは、みんなといっしょに松井さんにお礼を言っているのかな。そんな明るくて、すてきなイメージを、色々な色を使って表しているのかなあと思いました。

まとめ

「その上を踊るように飛んでいるちょうをぼんやり見ているうちに、松井さんにはこんな声が聞こえてきました」とありました。踊るように見えたのは、松井さんが助けてよかったと思ったからだと思います。ちょうたちは、「よかったね」「よかったよ」といって仲間を助けてくれたことに感謝したんじゃないかなと、思いました。よって、青々や黄色は、ちょうのありがとうや、喜びの感じを表しているのかなと思います。

色やちょうの声で、松井さんの気持ちを強めていると思うので、最後の場面の松井さんの気持ちは、「女の子はホントはちょうだったのか！助けてよかったな、仲間と元気でね！」と、私は読み取ることができました。

図6　児童が取り組んだ My 課題とそのまとめ

目標志向　□目標がどのような能力を向上させることに結びつけているのかを考えていたか

目標が能力に結びつくのかどうか、を児童が考えるために、3つのポイントとして

整理します。

①学習計画を共有する「スプレッドシート」

学習計画を，Google スプレッドシートを活用して共有しました（図7）。単元の目標を達成するために，最初に立てた計画通りに学習が進むとは限りません。クラウドを活用して学習計画を共有することで，前時までの振り返りをもとに，学習計画の再構築を児童とともに行いました。このようにすることで，児童は自らの学習の状況を俯瞰し，自身の能力の向上につながる目標を設定することができました。

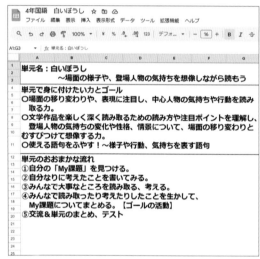

図7　児童に共有した学習計画

②「ミニルーブリック」の提示

児童が自ら設定した「My 課題」に取り組むことが，単元の目標達成や能力を向上させることに結びつくと考えます。そのために必要不可欠なのが，「ミニルーブリック」（図8。今後授業では，評価基準を S，A，B とグレードに分けて示すルーブリックを示す予定をしています。本実践では，その前段として児童に分かりやすいように，本来のルーブリックを簡略化し，到達目標のみを示しており，それらを，区別するために「ミニ」としています）です。

【今回のルーブリック】
❶自分のテーマにそって，最後の場面の中心人物の気持ちについて，自分の考えを入れる！
❷三角ロジックの書き方を入れる！（まとめがよい）
　A：～と書いてあり，【根きょ】
　B：それは～だと思います（考えます）。【理由】
　C：よって，～ということがわかりました。【考え】
　　　～と考えました。
　　　～と思いました。
※マイ課題が，お話の続き，手紙の人は，「一言まとめ」として，最後に❷を書きましょう。

図8　ミニルーブリック

ミニルーブリックは，指導事項を基にしたつけたい力に沿って設定し，児童が My 課題についてまとめる際の条件となります。児童は，自分の追究する My 課題に沿って，その条件をクリアするために試行錯誤したり，仲間に相談したりしながらまとめていきます。ミニルーブリックにより，どんな言語活動を選んでも，身につけるべき能力に結びつく活動となりました。

児童は，このミニルーブリックにより，「これができたら達成なんだ，力が高まるんだ」と，イメージや価値を抱くことができます。また，自分のまとめた文章は，果たして「よくできたのか」「あまりできなかったのか」「何ができたのか」など，自分の学びや学習状況を客観視すること（メタ認知）もできます。

例えば，『ごんぎつね』の単元であれば，「My 課題」のミニルーブリックを，この単元で中心とする指導事項を基に，以下のように設定し，共有します。

◎一言キャッチコピーを必ず入れること

（主題や全体像をとらえる力を高めるため，様々な考えに触れることができるようにするため）

◎ごんは最後にどんなことを思ったと思う

か，について自分の考えを入れること

（中心人物の変化をとらえる力／根拠と理由を基にして自分の考えを表すことができる力）

このように，「ミニルーブリック」を共有することで，自らの能力を向上させることにつながる学習活動を自ら選択し，実行することができるのだと考えます。

③「具体化したつけたい力（単元の目標）の共有」

国語科の授業で陥りがちなのが，読み取った内容を確かめるだけで終わってしまう授業です。気を付けなければ「この物語を読むことで何を学んだのか」「どのように読んだら，どういうことができるようになったのか」など，学びや読み方の獲得を実感できないままに単元が終わってしまいます。特に，「読むこと」においては…。この物語を読むことを通してつけたい力や，深く読むための「読み方」（学習方略）を，児童が具体的に実感できるようにしなくてはなりません。そのためには，学習方法や方略について振り返りで扱うことが重要です。以

下，児童から挙がった「単元で学んだこと」の主なものです。

- 結末の場面やお話の続きを考えてみると，お話のおもしろさやテーマが分かった。
- 色々な表現で，気持ちや様子を強めている。これからも表現に注目していきたい。（読む視点と読みの方略の獲得及び実感）
- 色や比喩，情景描写で気持ちを強めていることを読み取ることができた。（表現技法を捉える際の方略）
- 友達の考えから，松井さんの最後の気持ちの読み取りが深まった。（協働したことによる学習方略の効果への実感）
- 分かったことと，考えたことを分けて書くことができた。（根拠と理由を基にして自分の考えを書く方略についての記述）

〈参考文献〉
・全国国語授業研究会（2022）個別最適な学びと協働的な学びをつなぐ国語科授業　東洋館出版社
・全国国語授業研究会（2022）子どもと創る国語の授業「読みの授業の単元デザイン」東洋館出版社
・白石範孝（2022）白石範孝の国語授業の教養　東洋館出版社
・樺山敏郎（2022）個別最適な学び・協働的な学びを実現する「学びの文脈」明治図書

⋯▶ 実践のポイント ◀⋯

自己調整の要素

動機づけ

学習方略　　　メタ認知

本実践では，児童が My 課題を設定することにより単元の学習を見通し，主体的に学習に取り組む姿につながったと記されています。このように単元の初めに，どのような視点で学習を進めていきたいのか，追究していきたいのかという問いを設定することは学習に対する動機づけを高める上で効果的であると考えられます。また，高まった児童の動機づけを高いレベルで維持するために，学習計画を示し，1時間1時間の授業の前に確認・修正したり，単元でつけていきたい力として学習方略を身につけるための指導が行われたりと効果的な手立てが行われていました。

このような数多くの手立てが，児童を自己調整学習者へと成長させるのだと思います。

学習計画表の工夫

霧島市立牧園小学校●芭蕉なるみ

複式学級での学習において，授業を進めるためには「※ガイド学習」の充実が不可欠である。主体的な学びを実現するために，個々が学習の流れを把握し，見通しをもつ必要がある。そこで，学習の柱となる「学習計画」を児童自身で作っていくための工夫を紹介する。

※ガイド学習とは，児童の中から選ばれたガイド（学習の案内役）が教師の指導の下，学習計画に従い，他の児童生徒をリードしながら，相互に協力し合い，助け合って学習を進めるものである。（鹿児島県教育委員会　2023）

小学校 **3・4** 年生　算数 ▶ 3年: **2けたをかけるかけ算**　4年: **ともなって変わる量**

◆自己調整学習チェックリストの項目

計画立案　□学習活動を決めていたか　□方法・方略を決めていたか
　　　　　□時間配分を決めていたか
自己効力　□学習をうまく実行することができるかを考えていたか

計画立案　□学習活動を決めていたか

　まず，学習計画を作成するための大まかな流れを児童に提示しました（図1）。

　上部にある「本時のミッション」は，1時間でクリアする目安となる課題で，児童が本時の目標を立てるための手立てとして教師が提示したものです。学習計画を立てる際の授業は，教科書を見ながら自分で計画を立ててみる（②），グループでの対話を通して，学習計画を練る（③），話し合ったことを学年全体で共有し，学習計画を決定する（④），という流れで実施しました。このような学習の流れは，普段の授業にも取り入れ，学習過程を統一することにより，

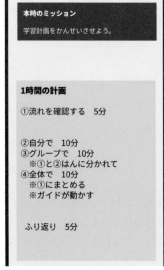

図1　学習計画作成の流れ

児童の主体性を育むことができるように努めました。

　児童が学習計画を立てるときには，「同じ学年の人が全員で話し合う時間」と「一人で個別に問題に取り組む時間」を決め

るようにしました。この実践では、児童が初めて学習計画を作成することに挑戦する授業であったため、細かな学習活動を考えるのではなく、どのような学習形態で授業を進めることが良いのかを考えることに焦点を絞りました。学習計画を考える場面では、児童が教科書を見ることで「何を学習するのか」という大まかなイメージを掴む姿が見られました（図2）。「ここは、教科書に○○さんの考えは…と書いてあるからみんなで考えを出し合ったほうがいいね」「ここは、練習問題がたくさんあるから、一人で問題に取り組むことが大切な時間なのかな」と自己内対話を深めている様子でした。一人で学習計画を考える活動は、とても時間のかかる活動でしたが「ここは、みんなで考えたい」「ここは、練習問題に時間をかけたい」といったように一人一人の児童が学習の進め方を深く考えることで、児童自身が学習に興味・関心を高めるきっかけになったように思います。複式学級で「ガイド学習」を進めていくからこそ、単元導入時に、全ての児童が一つ一つの学習活動を確認し、単元の見通しを明確にしておくことが大切であると思います。

図2　学習計画を作成している様子

計画立案　□方法・方略を決めていたか

学習計画を作成する学習活動において、ただ「学習計画を作りましょう」と発問するだけでは、どのように計画を作ればよいのか分からない児童がほとんどです。そこで、授業の学習形態を2つの型に統一しました（図3）。左のカードは、自分の考えを全児童が情報を共有するホワイトボードに書き、考えを出し合ってまとめる学習形態であることから「ホワイトボード型」と命名しました。また、右のカードは、児童一人一人が、個別により多くの問題にチャレンジして学習内容を身につける学習形態であることから「問題型」と命名しました。これらの型のカードに、学習の流れを記述し、児童に配付しました。学習の流れについては、記述されているものをそのまま使っ

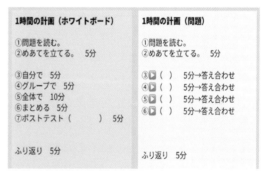

図3　授業の流れの例

ても、変更したり、削除したりしてもよいことを児童に伝え、児童自身が、自分自身にあった学習方法を選択することができるようにしました。

このようにすることで「ホワイトボード型」か「問題型」のどちらかのカードを選び、当てはめていくだけで大まかな学習計画が

できるので, 時間短縮にもなりました (図4)。
この活動に慣れてくると, 短い時間で多く
の児童が学習計画を立てられるようになり
ました。また, 色別にすることで単元全体
の進め方を把握することができ, 児童から
「ここは黄色のカード (問題型) が続いてい
るから, 次の時間は, 青色のカードを入れ
てもいいよね」「青色カードばかりだから,
たまには黄色カードもいれて練習しないと」
といった, どのように学べば, 単元の目標
を達成することにつながるのかという発言
が数多くでるようになりました。

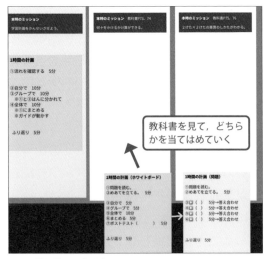

図4　学習計画の作り方

計画立案　□時間配分を決めていたか

時間配分は, グループで話し合う際にもっ
とも時間がかかったところです。児童によっ
て問題を解くペースが異なるので, 「全員が
クリアできそうな時間配分にすること」「振
り返りの時間を確保すること」の2点を意
識して時間配分を決めるように指導しまし
た。これらの視点を意識しながら, 児童は
教科書に記されている問題数を数えたり,
問題の難易度を予想したりしながら, どの
程度の時間があれば全員が全ての問題に取
り組むことができるのかを考えながら, 時
間配分を設定する様子が見られました。学
習計画を立てる時間内に全ての活動の細か

な時間配分を決めることができないことも
ありましたが, 「5分ぐらい?」「10分あれ
ばいけそうだよね」と相談しながらそれぞ
れの学習の活動時間を決める姿が, 学習の
見通しを明
確にしてい
るように見
え, とても
印象的でし
た (図5)。

図5　話し合いの様子

自己効力　□学習をうまく実行することができるかを考えていたか

図6は, 4年生「ともなって変わる量」
で児童がつくり上げた学習計画です。下部
には, 授業後に, 児童が記述したその時間
の振り返りカードを入れるようにしました。
この学習計画で学習をうまく実行すること
ができるのかを考えるために, 学習計画を

客観的に見直し, 話し合う時間を設定しま
した。児童はその時間を活用して, カード
の色で全体のバランスを見たり, 対話を通
して, この学習計画で, 単元の学習がうま
く進むのか, 全員がこの単元のねらいを達
成することができるのか考えたりしました。

学習計画を作成した児童は，「次の時間の確認ができるのがいいよね」と，計画を立てることのよさを話し合っていました。

　学習計画に記述されている学習のミッションや学習活動などを授業中に参照することにより，本時の目標が再認識され，目標の達成に向けて自信をもって学習を進めていました。このことが学習計画を児童が立案することの効果であると感じます。ときには，計画通りに進まなかったり，時間が足りなかったりしたときもありましたが，児童の単元の振り返りを見ると「学習計画があればガイド学習が進めやすい」「学習計画があると，問題をやり終わった後，次に何をすればよいかが見えるのがよい」と肯定的な意見が多かったです。

〈参考文献〉
・鹿児島県教育委員会（2023）南北600キロの教育~へき地・複式教育の手引~
・鹿児島県総合教育センター（2020）指導資料　複式教育60号
・鹿児島県総合教育センター（2022）指導資料　複式教育61号

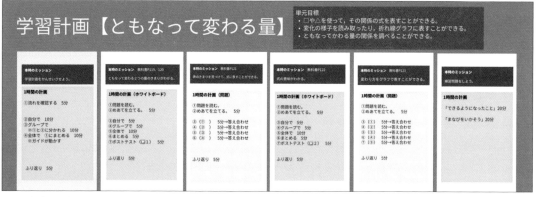

図6　完成した学習計画

▶実践のポイント◀

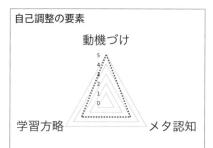

自己調整の要素

　本実践では，単元のはじめに，児童自身がどのように学習を進めるのかについて考え，他者と検討した上で，学習計画を創り上げています。このようにこれからの学習をどのように進めていけばよいのかを考えることが，児童の学習に対する動機づけを高めるきっかけになると考えられます。この実践で学習計画を作成する児童の様子を実際に拝見しましたが，どの児童もとてもいきいきと他の児童と話し合いながら学習の計画を立てる姿が見られました。本実践を通して，学習の計画を立てるということは，児童たちにとって心の踊る，とても楽しいことであると再認識しました。また，本実践で学ぶ児童は，学習計画を立てながら，これまでどのような方法で学習に取り組んでいたのかを思い出したり，これまでの学習でうまくいったこと，うまくいかなかったことを話し合ったりしていました。これらの姿は，自らの学習を「メタ認知」し，「学習方略」を検討する姿であると思います。これらのことから，計画を立案することは，児童が自ら学習を調整する上で非常に重要な活動であると言えます。

心が揺さぶられる教材×学習計画

射水市立片口小学校 ● 福田慎一郎

手で握ると瓶の中の色水が管を上がる事象と出会った児童。この現象・仕組みを解明しようと，瓶の中の空気や水の体積と温めた時の温度の関係について問いを見いだした。そして，自ら学習計画を立案し，問題解決を繰り返すことで，見通しをもって主体的に探究した。

小学校 4 年生　理科▶ものの体積と温度

◆自己調整学習チェックリストの項目

目標設定　□問いを広げていたか　□問いを絞っていたか
計画立案　□学習活動を決めていたか
結果予期　□学習の最後に創り上げるもの（価値）を予想していたか

目標設定　□問いを広げていたか

　児童が問いを見いだすためには，心が揺さぶられる魅力的な事象と出会うことが大切です。そこで，教師は「水が上がる瓶」を提示し，「＊※εЖд…」と呪文を唱え，瓶を手で握りしめました。すると，瓶の中の色水が管を上っていきました。それを見た児童は，驚き「自分も試したい！」と熱望しました。教師は，児童一人一人に一つ教材「水が上がる瓶」を配付し，自由に試す場を設定しました。ここでは，児童の発想

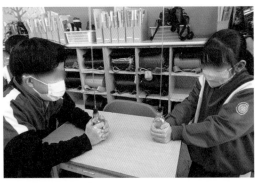

図1　瓶を温める児童の様子

図2　試行活動をする児童の様子

に委ね，瓶の中の色水の量を調整したり，ウォーターバス等の器具を使ったりするなど，自由に試行活動を行うことができるようにしました。

　児童は水が上がっていく様子を見ながら「どうすれば水がもっと高く上がるのか？」「温める温度を変えると，どうなるのかな？」といったように，原因と結果の見方を働かせながら試行しました。児童が問題意識をもちはじめたタイミングで，教師は「水が上がった理由を絵と文で解説しよう」と課題を提示しました。その後，問いを広げていくことができるように，図3の板書のように，「水が上がることと何が関係していると考えたか」，学級全体で共有し，問いを広げました。

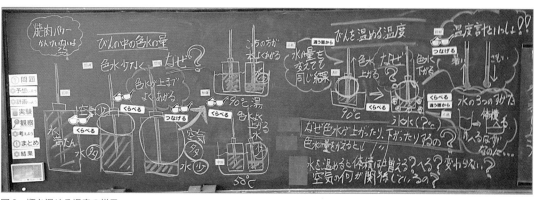

図3　瓶を温める児童の様子

目標設定　□問いを絞っていたか

　問いを絞る際は，思考ルーチンの「Think Puzzle Explore」（木村 2023）を使い，まず，追究していきたい問いを見つける場を設けました。試し実験を通して気付いたことを「思いつくこと・知っていること」の欄に，問題として調べていきたいことを「分からないこと・知りたいこと」の欄に整理しました。A児は図4のように「温度が高い方が早く色水があがったのはなぜか」「水だけよりも空気が多い方が早く色水が上がるのはなぜか」「空気鉄砲のときと関係しているのか」「氷水に入れると，水は上がるのか」の4つのことを問題として書きました。

　次に，図5のステップチャートを使って，解決したい問いを選択し，問いを順序

図4　問題を絞った際のワークシート

図5　問いを順序立てた際のワークシート

立てました。A児は,「問いを広げる」のときに共有した試し実験の情報,Think Puzzle Explore で整理した情報を比べたり,関連付けたりしながら,図5のように問いを順序

立てました。そして,「水と空気はあたためたりひやしたりすると,体積が変わるのか？変わらないのか？」と解決したい問いを明らかにしました。

計画立案　□学習活動を決めていたか

本実践では,図6の学習計画表を作成しました。学習計画表を作成するにあたり,児童が見通しをもち,決められた時間の中で問いを解決することができるように,学級全体で取り組む時間と個人で取り組む時間を位置付けました。

図6　学習計画表

また,児童が自分の力で問いを解決するためには,学習活動や方法・方略を自分で決める必要があると考えました。しかし,4年生の児童が,0から方法・方略を考えることは困難です。そこで,教師は,本実践で提示した「水が上がる瓶」と関係する教科書の該当ページと学習内容を一覧にした探究カード（図8,9）を作成し,問題解決を支援するための教材として,いつでも参照することができるよう配付しました。

単元全体の学習計画を立てる場面では一人で取り組んでも,友達と協力しながら取り組んでもよいことにしました。そうすることで,学習計画を自分で立てることに慣れていなかった児童も,友達の考えを受け入れながら取り組むことができました。

A児は,「水と空気はあたためると,体積が変わるのか？変わらないのか？」を解決す

るために,図7のように学習計画を立てました。

3時間目には「色水が上がったり下がっ

回	月/日	番号	計　画	取り組んだこと
例	11/14	① ②	お試し実験をして,調べたいことを考える。	①はできた。 ②はと中ですんだ。
1	/	① ②	お試し実験をして調べたいことを考える。	
2	11/19		クラスのみんなで調べる「学習問題」を話し合う	
3	/	③ ④	色水が上がったり下がったりする理由を予想する。	③はできたけど ④できなかた。
4	12/1	④ ⑤	びんの中の空気を温めたり冷やしたりすると体積がどう変わるのか実験する びんの中の水を温め	④はできた ⑤はまた
5	/	⑥ ⑦	たり冷やしたりすると体積が変わるか実験する。	④のつづき⑥
6	/	⑦ ⑧	水が上がったり下がったりする理由をイメージ図を書いて説明する	⑦のつづきをした。
7	/		色水が上がったり下がったりする理由をみんなで話し合う。	

図7　児童が記述した学習計画表

たりする理由を予想する」4時間目には「瓶の中の空気を温めたり，冷やしたりすると体積が変わるのか実験する」等，どの時間にどんな学習活動を行うのか，どんな方法で調べるのかを自分で計画することができました。

結果予期 □**学習の最後に創り上げるもの（価値）を予想していたか**

本実践では，児童が学習の最後に創り上げるものとして，単元目標である「『水があがる魔法の瓶』で，水が上がったり下がったりする理由をイメージ図と文章で解説する」こととしました。そして，学習の最後に創り上げるものについて見通しをもって取り組んでいけるように，以下の3つの手立てを行いました。

1　単元課題としてゴールの姿を提示し，意識できるようにする。
2　学習計画表で課題を常に意識できるようにする。
3　探究カードで意識できるようにする。

1の手立てとして，単元の課題として「水が上がった理由を絵と文で解説しよう」を提示しました。その際，説明を書くための探究カード（図8）を提示し，何をどのように書くのかといった，学習のゴールを明確にしました。2の手立てとして，単元を通してこの課題を意識して取り組めるように，図6で紹介した学習計画表の左上に課題を明記したり，学習計画欄の7時間目に「色水が上がったり下がったりする理由を話し合う」といった単元の課題を思い出すことができる時間を位置付けたりしました。

3の手立てとして，本実践では，児童が自分の力で学習を進めていけるようワークシートとして「探究カード（図8, 9）」を配付しました。探究カードには，予想，実験計画，結果，考察を書きこめるようにしました。

これらの手立てを行った結果，A児は図10のように，学習計画表の6時間目に「水

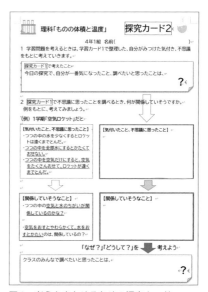

図8　説明を書くための探究カード　　図9　考えをまとめるための探究カード

| 6 | / | ⑦水が上がったり下がったりする理由をイメージ図を書いて説明する⑧ | 田のつづきをした。 |
| 7 | / | 色水が上がったり下がったりする理由をみんなで話し合う。 | |

図10　A児の6時間目の学習計画

が上がったり下がったりする理由をイメージ図を書いて説明する」を位置付けました。

　A児は，学習計画に沿って学習を進めました。途中，計画通り学習が進まず，前の時間に不十分だった実験を再度行う等，学習を調整しながら学ぶ姿が見られました。6時間目に取り組んだ，探究カード7には，図11のようにイメージ図と文章で理由を表現しました。

　このように，3つの手立てを，単元を通して取り入れたことで，児童は学習の最後に創り上げるもの（価値）を予想し，見通しをもって主体的に問題解決に取り組むことができました。

図11　A児がまとめた，色水が上がる瓶の解説

〈参考文献〉
・木村明憲（2023）「自己調整学習　主体的な学習者を育む方法と実践」

▶実践のポイント◀

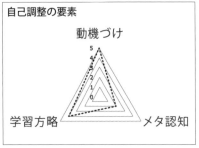

自己調整の要素

　本実践では，児童一人一人に心が揺さぶられる教材として「水が上がる瓶」が渡されています。本実践のように，体験を通して問いを広げることが児童の本単元の学習に対する動機づけを高めるきっかけになったと感じます。そして，この場面で広げた問いを，「Think Puzzle Explore」で絞り，ステップチャートで順序立てたことにより，児童はその後の学習の見通しを明確にすることができたのではないかと感じます。このような方略を教師が児童に提示することにより，児童は今後，自ら問いを広げ，絞り，順序立てて行くことができるようになっていくのではないかと考えます。

　次に，本実践では，児童が導き出した問いを基に，単元の学習活動を決めています。教師から配付された学習計画表（図6）には，左側に，本教科で学ぶべき内容と探究カードや教科書との関係が明確に示されています。このような情報が計画表に示されることで，児童は1時間1時間の課題を把握し，見通しをもって学習を実行するとともに，主体的に自らの学びを振り返ることができたのではないかと考えます。

11 児童が適切な目標設定するための工夫

中富良野町立中富良野小学校●渡邊雄大

自己調整学習のスタートは「目標設定」である。目標設定の成否でその後の活動の質が大きく変化すると考える。国語科「新聞を作ろう」の導入では，既習事項とこれから学ぶ事柄を「比べる」活動を取り入れることで，適切な目標を設定することができた。また，1単位時間では，「最高」「最低」の2段階に分けて目標設定をする工夫をした。

小学校 4 年生　国語▶新聞を作ろう

◆自己調整学習チェックリストの項目

計画立案　□学習活動を決めていたか　□方法・方略を決めていたか
　　　　　□時間配分を決めていたか
結果予期　□学習の最後に創り上げるもの（価値）を予想していたか

〈 単元での結果予期，計画立案 〉

結果予期　□学習の最後に創り上げるもの（価値）を予想していたか

　第4学年国語科「新聞を作ろう」は，グループごとに，伝えたいことを明確にして見出しや記事を書く学習です。

　導入では，目標を設定するために，3つのステップに分けて学習しました（図1）。

1　既習事項とこれから学習することを比較する
2　Think Puzzle Explore で整理する
3　目的意識や相手意識を明確にする
　という3つのステップで今回の「新聞づ

単元の目標設定3つのステップ

1　**既習事項とこれから学習することを比較する。**
　リーフレットと
　新聞を見比べる。

2　**think Puzzle Exploreでまとめる。**
　今までに学習したこと
　まだ学習していないこと
　学習するための方法の観点でまとめる。

3　**目的意識や相手意識を明確にする**
　担任と児童で話しながら「誰に」
　「何を」を書くのか明確にしていく。

図1　単元の目標設定3つのステップ

くり」の目標を設定しました。

1 既習事項とこれから学習することを比較する

　はじめに，既習事項である「リーフレット」と，これから学習する「壁新聞」を見比べる活動を行いました。児童からは，「リーフレットは，施設の紹介が書いてあったけど，新聞は，出来事が中心に書かれている」「リーフレットは小さな紙だけど，新聞はサイズが大きい」「新聞は色々な内容が書かれている」「新聞は見出しが目立つ」などの気付きが挙げられました。

2 Think Puzzle Explore でまとめる

　次に，Think Puzzle Explore（木村2023）の思考ルーチンを活用し，「今まで学習したこと」「まだ学習してないこと」「学習するための方法」の枠を板書し，児童の発言を整理していきました（図2）。「今まで学習したこと」には，「紙面の構成を考えることができる（リーフレットづくりで学習から）」「400字以上の記事を書くことができる」「写真や絵を入れて見やすく配置することができる」という意見がでました。「まだ学習してないこと」には，「面白い見出しをつける。」「グループで記事を書く」「出来事を紹介する文章の書き方。」という意見がでました。「学習するための方法」では，「グループで話し合う」「インタビューをする」「記事を書く」といった意見がでました。このようなやり取りの中で，本単元で学習する新しい内容や方法を児童自身が発見することができました。

3 目的意識や相手意識を明確にする

　最後に，児童の目的意識や相手意識を明確にするために，「どんな記事を書こうと思っているか」と問いました。すると「私達が住んでいる町を紹介したい」と発言する児童が多くいました。そこで，「在校生はこの町のことを知っているはずだよ。読者が知らないことを伝えることが内容の面白さにつながるかもしれないよ」と伝えました。児童は「誰も知らないような町の秘密を探したい」「4年1組のことはあまり知られていないから，それを紹介したい」と発言していました。このやりとりの中で，「在校生が知らないことを分かりやすく伝える」という点を明確することができました。

　これら3つのステップで話し合った内容をまとめ「在校生に中富良野町や4年1組のことが伝わるように，記事を選び，分かりやすく出来事を紹介する文章を書こう」と目標を設定しました。また，「面白い見出しをつけること」，「グループで記事を分担すること」，「出来事を分かりやすく文章にすること」の3点をポイントとして児童と教師で確認しました。このように3つのステップで目標を設定していくことで，児童が学習の最後に創り上げるものを予想し，それを明確にすることができたように思います。

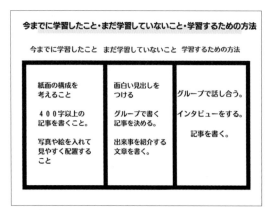

図2　学習したこと・学習してないこと・学習するための方法

計画立案	□ 学習活動を決めていたか
	□ 方法・方略を決めていたか
	□ 時間配分を決めていたか

目標を設定した上で，再度，教科書に掲載されている新聞を見せ，「新聞を完成させるために必要なことは何か」と児童に問いました。児童は，先程の「学習するための方法」の枠（図2右端）の記述を参考にしながら，新聞を作るための学習方法を考えていきました。考えた末，児童からは，インタビューをする，写真を撮る，文章を書く，紙面を割り振る，文章を見直す，見出しを考えるという学習方法が出てきました。児童から出た方法を教師が学習の流れに沿って黒板にまとめました。

その際，「見通す（導入）」の「目標設定，学習計画，グループ分け」の3時間，「振り返る（まとめ）」の「模造紙に清書，交流する，掲示」の3時間を全員で学習する時間と設定しました。「実行する（展開）」の「インタビュー，写真撮影，記事作成」の5時間は，自分自身で学習計画を立てることにしました（図3）。

このように，大まかな学習計画を立てる際には，大きな流れと時数をクラス全員で確認しました。また，全員で学習を進める時間と個別に学習を進める時間を設定することで，児童が学習活動や方法，時間配分を決める場面が明確になりました。

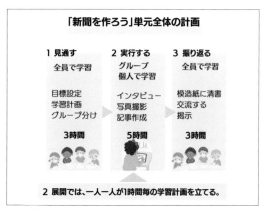

図3 「新聞を作ろう」単元全体の計画

〈1時間での目標設定，計画立案〉

目標設定	□ 問いを広げていたか
	□ 問いを順序立てていたか
	□ 問いを絞っていたか
計画立案	□ 学習活動を決めていたか
	□ 方法・方略を決めていたか
	□ 時間配分を決めていたか

児童が新聞に書く記事が決まり，一人一人が1時間の目標と，学習の計画を立てる段階（実行する）では，「今日，最低ここまではやる」「ここまでできたら最高」という

2段階の視点で目標を考えるようにしました。このように2段階の目標を設定したのは，以前から，理想を求め過ぎ，達成することが難しい目標を立てしまったり，学習がすぐに完結してしまうような容易な目標を設定してしまったりする児童が多く，児童が自らの能力を，正確にメタ認知することができていないのではないかと感じていたからです。2段階の目標を設定することにより，1つ目の目標を目指しながら，到達したら次の目標に向かうことができ，児童は目標の達成に向け粘り強く学習に取り組むことができると考えました。児童は，「インタビューまでは，最低終わらせたい。記事を書くところまで行けたら最高。」というように，幅をもった目標を設定することができていました。

　次に，これらの目標を基に，1時間の計画を立案しました。45分間のうち，30分間を児童が実際に活動することができる時間とし，児童はその30分間の時間の割り振りを学習計画に記入しました。児童は，「文字を打つ（20分）」「給食のことをグループの人と話す（5分）」「（過去のことを）自分で思い出す（5分）」というように，30分の割り振りを自分なりに考えることができました。また，「残り時間」という枠を作り，「残り〇時間」という形で，学習に取り組むことができる時間を一人一人の児童が意識できるようにしました。

　授業の最後には，うまくできたこと，うまくできなかったこと，次の時間にやることを記入する時間を5分間設定しました。児童は，「次の時間は，給食の200文字以上書く。」といったように，次時への見通しを明確にすることができたようです。

▶▶▶実践のポイント◀◀◀

自己調整の要素

動機づけ

学習方略　　メタ認知

　本実践報告では，単元を通しての結果予期，計画立案と1時間の授業における目標設定，計画立案が区別されて書かれています。このことは非常に重要なことで，自己調整学習は単元を通して長期課題・目標を解決・達成する場合と，1時間の授業という短期課題・目標を解決・達成する場合の両方で意識されるものなのです。

　本実践では，単元においては，計画立案をする際に，クラス全員で取り組む時間と，個人で取り組む時間を児童に示しています。このようなことを事前に教師が考え，単元の計画を立てておくことで，単元のどの部分で児童が計画を立てればよいのかということが明確になります。また，1時間の授業の計画立案では，児童に委ねる時間を30分と決め，その時間内で児童が学習活動を割り振っています。このように活動時間が明らかにされることで，児童は限られた時間の中でどのように活動を進めていけばよいのかを考え，主体的に学習を調整していく力を身につけていくのだと思います。

［実行する］

Self-Regulated Learning

◉ 確 認

実行確認
- □ 課題・目標を確認していたか
- □ 方法・方略を確認していたか
- □ 時間配分を確認していたか

自己指導
- □ 自分に質問するようにして学習の進捗を確認したり，
  内容の理解を深めようとしたりしていたか

自己記録
- □ 学習の進捗について確認したことや，
  学習中に大切だと思ったことを記録していたか

意識観察
- □ 学習に向かう自らの意識（気持ち）を
  確認しようとしていたか

◉ 調 節

実行調節
- □ 課題・目標を調節していたか
- □ 方法・方略を調節していたか
- □ 時間配分を調節していたか

興味促進
- □ 困難な課題をやりがいのある挑戦に
  転換しようとしていたか

環境構成
- □ 学習しやすい環境を整えようとしていたか

援助要請
- □ 学習がうまく進まなかったり，時間が足りなかったり
  した際に他者に相談していたか

「確認タイム」で学びを主体的に

熊本市教育センター●荒川美穂子

単元計画をもとに児童自身が学習の見通しを立て，その学習を主体的に進めようとする時，学習の途中で，今自分が行っていることが本時の課題に沿っているのか，現在のペースで課題を解決できるのかを客観的に確認・調節する時間が必要である。本授業実践では「実行する」フェーズで「確認タイム」を毎時間設け，児童が自らの学びを調節することを促す取り組みを行った。

小学校 3 年生 社会▶事こや事けんからくらしを守る

◆自己調整学習チェックリストの項目

実行確認	□課題・目標を確認していたか　□方法・方略を確認していたか □時間配分を確認していたか
実行調節	□課題・目標を調節していたか　□方法・方略を調節していたか □時間配分を確認していたか
援助要請	□学習がうまく進まなかったり，時間が足りなかったりした際に他者に相談していたか

実行確認	□ **課題・目標を確認していたか** □ **方法・方略を確認していたか**
実行調節	□ **課題・目標を調節していたか** □ **方法・方略を調節していたか**

　本単元（表1）では，全ての時間の「実行する」フェーズにおいて，自分たちの学習がどの程度進んでいて，現在の方法で学習を進めて課題を解決できるかを確認するための時間（確認タイム）を設けました。図1は，児童に配付した学習計画表の第4時の流れを示したものです。ここでは，導入で交通事故件数の推移のグラフから分かることを，児童が個別に書き込み，事故の件数が減っていることに気付きました。そして，本時の課題である「警察の人がどんな取り組みをしているのか（図1の3）」に

■表1　本単元の学習計画

時間	学習課題
1	五福のまちのあぶない場所について話し合い，「五福安全マップ」をつくるために，どのようなことを調べればよいのかを考えよう。
2	事故を防ぐための施設は，どのようなものが，どこにあるのかを調べよう。
3	事故が起きたとき，いろいろな人がすぐに駆けつけることができるのはなぜかを調べよう。
4	警察署の人たちは，どのような取り組みをしているのかを調べよう。
5	地域の人たちは，まちの安全を守るためにどのようなことをしているのかを調べよう。
6	グループの課題について調べよう。
7	「五福安全マップ」づくりの計画を立てよう。
8,9	「五福安全マップ」をつくろう。
10	「五福安全マップ発表会」の準備をしよう。

実行する

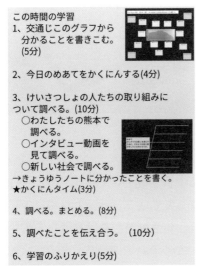

図1　第4時間目の学習計画

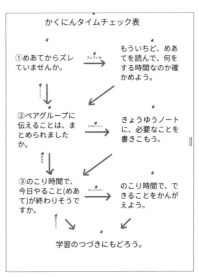

図2　確認タイムチェックチャート

ついて調べる活動を行いました。個別での活動を始めて10分後に確認タイム（図1★）を設け，確認タイムチェックチャート（図2）を使って，自分たちの学びの確認とその後の学習活動の調節をするようにしました。その後，調節した計画に従って学習の続きを進めるといった流れを取りました。

　図2は，確認タイムチェックチャートの一部です。初めのうちは，チェックチャートのそれぞれの文言を口にすることで，3年生の児童でも，何を確認する時間なのかを理解できるような手立てを取りました。しかし，何度も同じような流れで学習を進めるうちに，児童は学習を確認・調節することに慣れ，短時間でお互いの学習の進み具合を確認することができるようになりました。そして，うまくいっていないことをどう調節していくのかを相談する姿が見ら

れるようになりました。また，グループ学習を中心に行っていたので，確認タイムを取ることで，同じグループで活動している友達が，同じ資料を見て，違った発見をしていることに気付き，確認タイムを取ることが教科学習の内容を深めることにも繋がりました（図3）。

図3　チャートを使って話し合っているところ

実行確認/実行調節　□残り時間を確認していたか

本単元のまとめとして，自分たちが調べたことを，同じ学校の上級生や下級生に見てもらう「校区の安全マップ」づくりをしました（表1　7~11時間目）。安全マップづくりにかけられる時間は60分（表1　8，9時間目）でした。児童は，それぞれのグループで7時間目に活動計画表（図4）を作っていましたので，学習活動に取り組む順序や時間配分を確認しながらマップづくりを進めていました。マップづくりの途中に，確認タイムを設けたことで，一人一人が分担して制作しているマップの進捗状況を確認しながら学習を進める姿が見られました。図4は，確認タイムで中心となって話していた女の子が，1番目の活動の進み具合を他の児童と確認し合った後，次の活動にかけられる時間は20分だと赤丸を付けて，グ

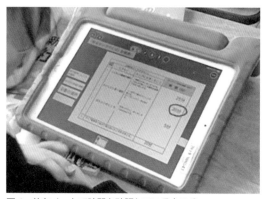

図4　共有ノートで時間を確認しているところ

ループで共有理解しているところです。計画表に学習活動の内容や時間配分を書き込み共有したことで，児童は，あと何分でどんのような活動をしなければならないのか，また，今の流れで時間内に最後の活動まで終わるのかなど，残り時間を意識しながら，主体的に学習に取り組む姿が見られました。

援助要請　□学習がうまく進まなかったり，時間が足りなかったりした際に他者に相談していたか

本実践では，3人から4人のグループで学習を進めました。単元前半のマップを作るために様々な資料から必要な情報を収集して，ワークシートに整理する活動では，

個別学習の後に確認タイムを取ることで，学習の進め方に迷っている児童が同じ班の児童に自ら「どうすればいい？」と相談したり，順調に学習が進んでいる児童が「ここ

図5　グループでアドバイスしているところ

図6　共有ノート上でマップづくりをしているところ

を見ればいいよ」とアドバイスをしたりする姿が見られました（図5）。確認タイムを設定し，一旦立ち止まることで，どの児童もより良い学習の進め方を考えることができたと思います。また，学習を共有ノートで進めたことも，リアルタイムで友達の学びの様子を参照することができ，効果的で

した（図6）。特に，後半の校区の安全マップづくりでは，自分の担当場所ができた後に，他の児童の作業を積極的に手伝おうとする様子が教室の随所で見られ，グループで協働的に学習を進めることができていました。

▶ 実践のポイント ◀

自己調整の要素

動機づけ

5
4
3
2
1
0

学習方略　　　　メタ認知

　本実践は，児童が限られた時間の中で，学習目標の達成に向けて最適な方法で学ぶことができるように「確認タイム」を設定しています。

　今までの授業は，「児童は学習課題の解決・目標の達成に向けてのみ集中していれば良し」とされていたように思います。しかし，学習者が主体的に学ぶということは，課題の解決や目標の達成を意識しているだけでは不十分であると考えます。本実践では，児童が課題の解決・目標の達成だけでなく，学習方法が最適か，残り時間内に目標を達成することができるのかを意識し，限られた学習時間の中でより良く学ぼうとしています。

　このような児童の姿から，確認タイムを導入し，学習の進捗を確認・調節するという方略を示したことが，児童のメタ認知を促し，その後の活動への動機づけを高めることに繋がったのではないかと考えます。そのような視点から本実践は，自己調整の要素がバランス良く培われた実践であると思います。

学習の流れを把握するために

霧島市立牧園小学校 ◉ 芭蕉なるみ

学習計画の中には，様々な活動がある。「今どこをしているのか」「次は何をするのか」と児童自身が把握することは，複式学級で「ガイド学習」を成立させるためにも必要なことである。そこで，個々が学習の流れを把握するための手立てを紹介する。

> **小学校 3・4 年生**
> （複式学級での実践）　**算数 ▶ 3年：1けたをかけるかけ算　4年：小数**

◆自己調整学習チェックリストの項目

実行確認　□課題・目標を確認していたか　時間配分を確認していたか
実行調節　□時間配分を調節していたか
環境構成　□学習しやすい環境をつくりだそうとしていたか
援助要請　□学習がうまく進まなかったり，時間が足りなかったりした際に他者に相談していたか

実行確認　□課題・目標を確認していたか

本実践は，複式学級での取組です。「実行する」フェーズでは，児童が，自らのタブレットPCに「学習計画」を常時提示して，学習計画に記した学習の流れを確認しながら授業を進めることができるようにしました。1時間の授業の「見通す」フェーズでは，「学習課題（教科書の問題）を読む→本時のミッション（学習計画表＝図1の上段：教師が記載）を確認する→学年で話し合い本時のめあてを立てる」の流れでガイド役の児童が中心になって授業を進めていきました。そして，学習活動が終わるごとに，学習計画のやり終えた活動に見え消し線を引かせ，その学習活動に取り組んだことが分かるようにしました（図2）。「活動を消す線の色は自分の気分によって変えてもよし！」とし，児童がちょっとした遊び心をもって取り組

図1　児童が学習を確認した際にチェックを

図2　学習計画を確認している様子

よかった点
- スムーズに進んだ。
- 話し合いができた
- 自分で考えられた。
よく無かった点
- 余計なことをしていた。
- 時間を使いすぎた。

「上手くいった事」
- たくさん問題ができた
- 分からないところもあったけど、みんなで協力してすることができた
- 話し合いを少しだけした時、自分の意見をしっかり言うことができたし、聞くことができた。
「上手くいかなかったこと」
- あまりノートに書けなかった
- きれいに書くことができなかった
- 話し合いをしたときに、時間がかかってしまった
「ポイント」
- かけ算で表すことができる
- グラフで表すことができる

［上手く行ったこと］
- 計画通りできた
- みんなで協力してできた
［上手くいかなかったこと］
- 混乱してしまい友達や先生に助けてもらった
- なかなか問題が解けなかった
［ポイント］
- 1段の高さ×だんの数＝1階ののゆかからの高さ

【上手くいったこと】
- 自分が皆んなより先に、問題を解く事ができたら、終わっていない人に、ヒントをあげる事ができた。
- ガイドさんが言った通りに進められたから、スムーズに進む事ができた。

【上手くいかなかったこと】
- 少し無駄話をしてしまった。

『ポイント』
- 最初と、二つ目が分かれば、表ができる。

図3　児童の振り返り

めるように工夫しました。そうすることで、学習に興味・関心を持って取り組めるようにしました。児童は「ここは、終わったから線を引かないと！」「次は、○○の問題だね」といったように児童同士で学習計画を確かめ合いながら学習を進めていく姿が教室のあちこちで見られました。学習の流れを可視化することでガイド役の児童が進めやすく、また協力して学習活動を進める様子が見られました。児童に主体的な学習態度を育む手立てにもなりました。また、教師も2つの学年の進み具合を把握しやすくなりました。さらに、児童が記述する振り返りにも、「計画通りにスムーズに授業が進んだ」「話合いの時間が長引いてしまった」と学習計画を意識した振り返りがたくさん見られるようになりました（図3）。

授業では，「今からここの問題をしてください。時間は，5分でいいですか」とガイド役の児童が学習活動の時間配分を確認します。「いいです」というときもあれば，「5分では足りないかも。8分はどう？」と学習計画の立案では，決められていなかった細かい時間設定を提案する姿も見られました。活動が設定した時間内に終わらなかった場合は「あと2分，追加します」と児童が主体的に時間調整を行っていました（図4）。毎時間後の児童の振り返りを読んでいると，「やる時間は分かっているのに途中で時間が分からなくなって（時間が過ぎてしまって），学習計画の時間とずれることがあった」と振り返る児童もおり，残り時間を意識しな

図4　残り時間をセットする様子

がら学習を進める習慣が児童に育成されたと感じました。

環境構成　□学習しやすい環境をつくりだそうとしていたか

グループで話し合ったり，全体で共有したりする場面では，児童から「先生，みんな黒板の前に行って話し合ってもいいですか」「後ろに集まって話してもいいですか」と聞かれることが多くなりました。これは，学習計画を確認しながらガイド学習を進める中で，児童の「自分たちで学習を進めていこう」という意識が高まったことによる発言であると思います。ガイド学習は，いつも上手くいくわけではありません。時間内に終わらなかったり，話合いの集約ができなかったりすることもあります。本音を言うと「教師主導の方が早く進むのに…」と思うこともあります。しかし，「授業は学

習者のためのものである」という意識をもち，直接・間接指導のバランスをうまくとっていくことが重要であると思います。教師の意図的なものではなく，これまでの経験から児童が学習しやすい環境をつくり出そうとすることが「主体的な学び」の第一歩ではないかと思うのです。本実践において，児童が学習しやすい環境を作り出そうとしていた姿には，教室の前に出て，指し棒を使って発表したり，机を話し合いやすいように並べ替えて簡易のホワイトボードを使って表現したりする姿がありました。このように児童自身が学習しやすい環境を意識して，考えを伝えるようになったことで，

自然と協働的に深く学ぶ姿に繋がっていったように思います（図5）。

図5　協働的な学びの様子

援助要請　□学習がうまく進まなかったり，時間が足りなかったりした際に他者に相談していたか

　間接指導※1では，教師の指導の下，児童同士が教え合いながら学習を進めていくことになります（図6）。そうなると，自然と「こ

図6　児童が学ぶ様子

こはこうしたらいい」「もっと時間がほしい」というやり取りが児童から出てきました。ガイド役の児童も困ったときには，フォロワー※2に相談して進める様子も見られました。このような姿が援助要請をしている姿であると考えます。

　また，学習計画では，2つの学年ともに同じような学習過程で授業を進めるようにしました。これは，教師が，児童の学習状況を把握し，困り感や必要感に応じてすぐに個別指導ができるようにするためです。このように両学年の学習過程を揃えること

実行する

71

により，児童は，学習を進めながら困り感や支援の必要感が生じた際に，適宜教師に支援を求める（援助要請する）姿が見られました。

　※1　直接指導とは，教師が子どもたちと直接関わりながら進める指導のことです。一方で，間接指導とは，一方の学年に教師が直接指導しているとき，他方の学年に学習の進め方を事前に理解させ，子どもたちだけで学習を進めさせることを言います。

　※2　フォロワーとは，ガイド役以外の子どものことです。

〈参考文献〉
・鹿児島県総合教育センター　（2020）「指導資料　複式教育60号」
・鹿児島県総合教育センター（2022）「指導資料　複式教育61号」
・鹿児島県総合教育センター（2022）「複式学級における学習指導講座」自ら学び自ら考える複式学級における学習指導

▶▶▶ 実践のポイント ◀◀◀

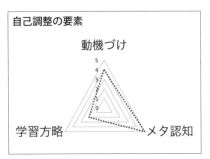

自己調整の要素

動機づけ

学習方略　　　　　　メタ認知

　本実践は，複式学級の授業において，児童が学習計画表を効果的に活用し，学習を調整した授業実践です。全ての児童が学習計画を持つことで，一人ひとりが自らの学習をメタ認知しながら学習を進めることができており，計画表が児童の主体的な学びを促したことが分かります。

　また，児童が学習計画を基に時間を管理したり，環境を構成したりしようとする姿が見られたのは，自ら学習を進めていることを自覚したことによる，動機づけの高まりであると感じます。学習計画表を配付するだけでなく，児童が「計画表をどのように活用するのか」「計画表を使ってどのように学びを進めていくのか」ということが深く考えられた実践であったからこそ，児童がこのように主体的に学びを進めることができたのだと考えます。

［実行する］

 確認・調節スキルを高める

中富良野町立中富良野小学校●渡邊雄大

自己調整学習の導入初期は，「実行する」フェーズの確認・調節に長い時間がかかったり，児童が混乱したりすることがある。本実践では，一単位時間の流れ，教師の手立てを工夫することで，児童が学習活動を確認し，調節することに少しずつ取り組むことができるようになっていった。国語科，「書くこと」領域の実践で「実行する」フェーズの授業の手立てと児童の様子を紹介する。

小学校4年生　国語▶リーフレットで知らせよう

◆自己調整学習チェックリストの項目

実行確認　□課題・目標を確認していたか　□方法・方略が適切であるかを確認していたか　□時間配分を確認していたか

実行調節　□方法・方略を調節していたか　□時間配分を調節していたか

自己記録　□学習の進捗について確認したことや，学習中に大切だと思ったことを記録していたか

自己指導　□自分に質問するようにして学習の進捗を確認したり，内容の理解を深めようとしたりしていたか

環境構成　□学習しやすい環境を作り出そうとしていたのか

援助要請　□学習がうまく進まなかったり，時間が足りなかったりした際に他者に相談していたか

実行確認　**□時間配分を確認していたか**
実行調節　**□時間配分を調節していたか**

「リーフレットで知らせよう」の単元では，インターネットでバーチャル工場見学を行い，分かったことを工夫してリーフレットにまとめることを目標に授業実践を行いました。

本単元は，自己調整学習の3つのフェーズを意識して単元設計を行いました。1つ目のフェーズは，ゴールを共有し，大まか

な計画を立てる（見通す），2つ目は，実際に自分の計画にしたがってリーフレットを作る（実行する），3つ目は，リーフレットを紹介し合い書き方のポイントを見つける（振り返る）です。

本単元では，自己調整学習に慣れていない児童に指導するため，流れと時間配分をパターン化し，児童が学習中に残り時間を意識することを「習慣化」できるように工夫しました。そのための工夫の一つとして，以下のような大まかな流れを児童に示し，その流れを基に一人一人の児童が図1に示したワークシートに自分なりの学習計画を記述するようにしました。

1　確認をして細かな計画を立てる。（5~7分）
2　学習活動を実行する。（30分）
3　今日のうまくできたこと，できなかったこと，次の時間にやりたいことを書く。（5~7分）

毎時間，このような時間配分で学ぶことにより，児童は自己調整のサイクルを自ら回すことができるようになりました。そして，児童は，1時間の初めに自らが立てた学習計画（図1）を参照しながら，残り時間を意識して主体的に学習を進めようとする姿に至りました。このような残り時間を意識する具体的な姿については，次節で詳しく紹介します。

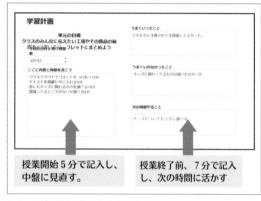

図1　1時間毎に使用する学習計画

実行確認	□ 課題・目標を確認していたか
	□ 方法・方略が適切であるかを確認していたか
	□ 時間配分を確認していたか
実行調節	□ 時間配分を調節していたか

実行するフェーズの授業は，前時に書いた振り返りを読み直すところから授業を始めました。そうすることにより，児童は本時ですべきことを思い出すことができました。次に「学習確認・調節フローチャート」（木村 2023）を参考に，以下の4つの質問を，図2を使って学習中の児童に投げかけ，自ら学習を確認するよう促しました。

1　「そもそも，何のための学習だったかな？」

→課題や目標を思い出すための投げかけ。
2　「計画どおりに進んでいるかな？」
　　→課題や目標に向かい活動を進めているかを確認するための投げかけ
3　「何時間残っているかな？」
　　→時間配分に対する意識をもてるようにするための投げかけ
4　「今日はどんなことやろうとしているの？」

特に，3の「時間配分に対する意識をもてるようにするための投げかけ」について

は何度も繰り返し投げかけを行い強調しました。残り時間と作業の進度によって，必要な学習活動が大きく変化する可能性があるからです。例えば，なんとか一人で最後までやりきりたいと粘り強く取り組んでいた児童が，図2を用いた確認に取り組んだことにより，学習が計画どおりに進んでいないことに気付き，支援員の先生に助言をもらいに行き，その後の計画を書き換えるという姿が見られました。このような姿こそ，学習を調整している姿であり，粘り強く取り組みながら学習を調整するという主体的に学習に取り組む態度そのものであったと思いました。

このような教師と児童のやりとりは，児童が一人でできるようになることを最終的な目標としていますが，図2の導入段階では，教師と児童が会話し，児童と一緒に学習を確認しながら進めることが，児童の学習を確認するスキルを高めることにつながると考えます。

このような活動を積み重ねた後に，ある児童が書いた単元終末の学習計画には，「コメント10分，友達に見てもらう5分，直す5分，仕上げ10分」といった30分間の学習計画が書かれていました。リーフレットの完成に向けて，友達に対してコメントをつけたり，友達の作品にチェックを受けたりした後，最後に少し長い時間を取って仕上げをしようとするなど，意図をもって学習を調整しようとする姿が見られました。

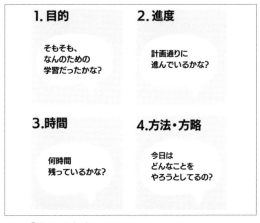

図2 「確認」を促す4つのやりとり

実行確認	□課題・目標を確認していたか
実行調節	□方法・方略を調節していたか
自己指導	□自分に質問するようにして学習の進捗を確認したり，内容の理解を深めようとしたりしていたか
自己記録	□学習の進捗について確認したことや，学習中に大切だと思ったことを記録していたか
環境構成	□学習しやすい環境を作り出そうとしていたのか
援助要請	□学習がうまく進まなかったり，時間が足りなかったりした際に他者に相談していたか

実行するフェーズの授業は，児童が授業初めの5分間で学習計画を立て，各自が立てた計画を基に学習活動を実行し始めます。この学習活動を実行する時間に，児童が自

ら学習を「調節」することができるように4つの手立てを行ってきました（図3）。

(1) 残り時間を意識させる（実行確認・実行調節）

30分の学習時間のうち，15分たった後に「残り15分です。学習計画を見直して，作業の進み具合を確認してください」と伝えました。必要に応じて，個別に学習計画と残り時間を見比べるように声をかけ，時間管理を促しました。特に，友達と考えを交流する場面では，自分だけで調節することができない場面もあるので，難しさを感じていた児童もいました。

残り時間の確認をしていると，児童が「この残り時間では終わりません」と言ってくることがありました。その際は，今日の授業でどこまでができそうなのかを確認して，できなかったことを必ず振り返りに記録するように指導しました（自己記録）。

(2) 何をしたいのかを問う（自己指導）

児童の様子を見ていると，インターネットの記事を長時間読んでいたり，動画をぼんやりと見ていたりする様子が見られました。その際，「今，何のための活動をしているの？」と聞きました。児童が答えられない場合は，学習計画を一緒に確認し，やるべ

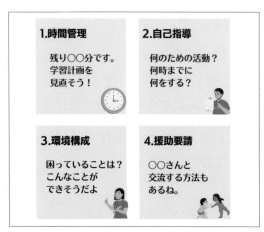

1.時間管理	2.自己指導
残り○○分です。学習計画を見直そう！	何のための活動？何時までに何をする？
3.環境構成	4.援助要請
困っていることは？こんなことができそうだよ	○○さんと交流する方法もあるね。

図3　調節を促す4つの手立て

きことを明らかにするとともに，何時までに何をしたらいいのかを明確にして学習活動を調節しました。

また，「終わりました」と言ってきた児童には，単元の目標を確認し，分かりやすく伝えるという工夫の具体例を示し，そこから，活動内容を選択するよう促し，残り時間をどのように過ごすのかを明確にしました。児童が納得できる形で，「より良いものを作っていくこと」「残り時間にできることがまだあること」を伝えていくことで，児童が自ら学習を調節していく様子が見られました。

(3) 必要なリソースを提供する（環境構成）

児童の様子を見ていると，計画は立てたものの，計画が具体的になっておらず，手が止まっている様子が見られたので，児童に活動の内容を複数提示しました。例えば，リーフレットに書こうと思っていたことが思ったよりも短くなってしまい，空白ができてしまった。その空白をどのように埋めていいのか分からないという児童には，以下の3点の支援を行いました。

1　何に困っているのか，アイデアはあるのかを聞き取った。
2　サイトのリンクを送り，空白を埋めるために必要な材料を提示した。
3　他の児童の取り組みの例を紹介し，方略を紹介した。

特に，1を丁寧にするように心がけました。「自分がやろうと思ったこと」を尊重し，児童と一緒に解決策を考えようとすることで，児童が，自分の考えに自信をもつことができるようになったと感じます。自己決定が難しい児童も教師が提示した活動内容から選択することで，自分なりの行動を選ぶ様

子が見られました。

（4）クラスの児童同士をつなぐ（援助要請）

　児童が自分の作ったものに対して，自信がもてていない場合や書き方が分からずに困っている場合は，「○○さんのところにいって，交流してみるといいよ」と言って，お互いの作品を見せ合うように促したり，ClassCloud アプリを使ったりして，相互にコメントをつけ合えるような環境を作りました。ClassCloud は，SNS 感覚でコメントを付け合うことができるアプリで，児童が援助要請をする際に有効に機能しました。

　交流については，児童が必要だと感じている時に行うように意識しました。「ここを聞きたい」「みんなはどのようにやっているんだろう」という気持ちが高まった時に，交流ができるように環境を整えることで意見を交流することができました。10 分程度の短い時間で，「リーフレットに絵をつけたらよいのでは？」「見てほしいところをカラフルにしていることが良い」「作り方だけではなく，食べ方を書いているところが良い」というような感想やアドバイスが集まり，自分のリーフレットの良さに気付くことができました。

　自己調整学習の導入期を，児童を型にはめるための習慣化ではなく，児童が主体的に学ぶという考え方を端的に分かりやすく伝えるための習慣化と考え，実践を行いました。繰り返すことで児童の負荷は低くなり，内容について深く考えられるようになりました。

〈参考文献〉
・木村明憲（2022）主体性を育む学びの型
・木村明憲（2023）自己調整学習

使用アプリ　ClassCloud　株式会社Mikulak

▶実践のポイント◀

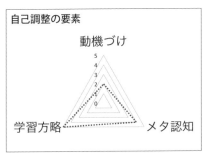

自己調整の要素

動機づけ

学習方略　　メタ認知

　本実践では，児童が自らの学習を確認し，調節するために様々な支援が行われています。特に図 2「確認を促す 4 つのやりとり」と図 3 の「調節を促す 4 つの手立て」は 1 つ 1 つのやりとりや手立てが明確に示されており，4 年生の児童にとってとても分かりやすく作成されています。このような図を紙に印刷して持っていたり，学習時間の途中に教師が児童のタブレット PC に配信したりすると，児童は自然と自らの学習を確認し，調節することができるようになると思います。

　また，本実践では，粘り強く取り組んでいた児童が，学習計画を確認することで，残り時間で目標が達成しないことに気付き，先生に援助を要請し，その後の学習計画を修正するという姿が紹介されていました。この姿こそ，児童が粘り強く取り組みながら，学習を調整するという主体的に学習に取り組む姿そのものであると考えます。本実践では，児童がこのような姿に行き着くために，自己調整をするための様々な方略を児童に伝え，メタ認知することを習慣化していくことの大切さが伝わってくる実践であると感じました。

04 自分に合う学び方を選んで

洲本市立洲本第三小学校◉福水雄規

わり算の筆算の手順を学び，最後の練習問題や力試しの問題に取り組む際，自分でどのように学習するか（個人・ペア・グループなど）や，どの学習方法を選ぶのか（教科書で確認しながら・タブレットで調べながら）を選択できるようにした。また，学習中にはフローチャートを使って学習の進み具合を確認するようにしたことで，次の学習に向けての計画を立てる姿が見られた。

小学校4年生 算数▶わり算の筆算（1）

◆自己調整学習チェックリストの項目

実行確認　□方法・方略を確認していたか

実行調節　□方法・方略を調節していたか

環境構成　□学習しやすい環境をつくりだそうとしていたか

援助要請　□学習がうまく進まなかったり，時間が足りなかったりした際に他者に相談していたか

自己記録　□学習の進捗について確認したことや，学習中に大切だと思ったことを記録していたか

環境構成	□学習しやすい環境をつくりだそうとしていたか
実行確認	□方法・方略を確認していたか
実行調節	□方法・方略を調節していたか

児童は，授業の開始とともに，「わり算の筆算の手順を完全に理解する」や「自分の考えを友達に明確に伝える」等の具体的な目標を設定しました。それぞれの児童が設定した目標に基づいて，最適な学習方法や方略を考え抜いた結果，一つ一つの学習活動に明確な意図をもって実行する姿が見られました。

本実践では児童が，自らの学習環境を選択できるように工夫しました。学習したことを理解するまでにかかる時間も，個々によって差が生じるため，「個人で進める（図

図1　個人で学習に取り組む児童

1)」「ペアで話し合う」「グループで協力して学習する」など，自らが学習しやすいと考えられる環境を構築して，学習する姿が見受けられました。もちろん，学習進行中に形態の変更が必要になった際（図2）にも，ロイロノートの共有ノート機能を利用し，それぞれの学習方法や進捗状況を他の児童と共有できるよう工夫しました（図3）。そうすることで，教師自身も誰がどのような学習方法を選択して取り組んでいるのか，どの部分を学習しているのかをタブレットPCの画面ごしに把握することができるようになり，支援の必要な児童を見取りやすく

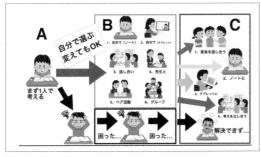
図2　学びの自己決定

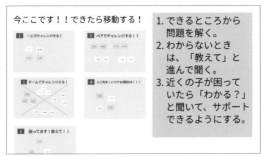
図3　学習の進捗状況を確認するための工夫

なりました。また，ペアやグループで学習したいけれど，一人になってしまう児童が出てきた際には，「いつもよく話す子のところに行って考えを聞いてきてごらん」などと声かけを行いました。さらに，学習の進捗状況と選択した学習方法が適切かを，定期的に確認するために，児童にフローチャート（図4）を配付しました。フローチャートは，自分の学習について振り返り，調整する上で役立つものであると，児童に説明しました。

　このように学習を確認した上で，学習がうまく実行されている場合は，学習を再開するように指導しました。目標や時間配分などで調整が必要な場合は，学習方法や時間配分などを調節し，検討した上で学習を再スタートするようにしました。このフローチャートを活用することにより，自らの目標に向かう学習の進捗状況，選択した学習方法の適切性，残り時間で課題が解決するのかを確認し，必要に応じてそれらを調節する姿が見られました。このように確認，調節する活動を取り入れたことで，今までより時間を大切にして学習に取り組んだり，粘り強く取り組もうとしたりする児童の姿が多く見られました。

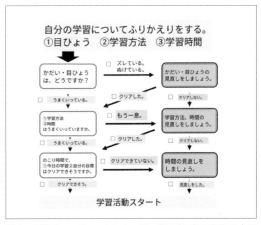
図4　学習フローチャートによって，学習中に振り返る手立て

図5 単元で学習したことをまとめた掲示物

他にも，児童が効果的に学習に取り組むことができるよう，いくつかの工夫を取り入れました。一つ目は，児童が過去に学んだ内容や重要なポイントを忘れないよう，学びをまとめた画用紙（図5）を教室内に掲示しました。この掲示物は，児童が疑問を感じたときや，復習したいときに参照するものです。

二つ目は，ロイロノートを使用して，資料箱内に単元ごとのフォルダを設けました。特に，「わり算の筆算の手順」や「問題解決のヒント」など児童が課題に取り組む際に支援となる資料を保存しておきました。児童は，単元計画内に貼り付けてあるQRコード（図6）を支援が必要と思った際に読み込み，筆算の解決手順を動画で視聴していました。これにより，タブレットを利用して必要な資料にいつでもアクセスし，自分のペースに合わせてヒントを取得（図7）

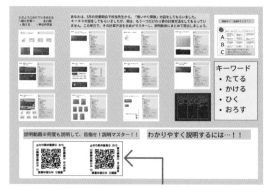

図6 単元計画内に問題解決のヒントとなる資料

図7 子どもたちが自分のタイミングでQRコードを読みとっている様子

したり，内容を振り返ったりすることが可能となりました。これらのような学習環境を整備することにより，児童は主体性をもって学習に取り組むことができました。その結果，学習がより自由で効果的に進行したと感じました。

援助要請 □学習がうまく進まなかったり，時間が足りなかったりした際に他者に相談していたか

児童には学習を実行する場面で，困難に直面した際に，友達や教師に尋ねたり，自力で既習学習の内容を振り返ったりして問題に取り組んでほしいですが，図2の一番下の矢印のように，ずっと一人で悩み続けて学習が進まなかったり，学習に集中できなかったりすることがあります。しかし，図2のBやCを繰り返すことで，自分に合った適切な学習方法を見い出し，他者に援助を求めることができるようになりました。

1，ペア学習の場面
・Aくんがわり算の問題で計算の方法に詰

図8　ペアで，ヒントを出し合う場面

図9　分からない問題に対して相談し合う児童

まった際，初めは一人で考えていましたが，何度やっても納得いく答えに辿り着くことができなかったようで，友人のBくんに「この問題のこのところで詰まってしまったんだけど，どうすれば解けるのか教えてくれる？」と尋ねました（図8）。

- Bくんは具体的な筆算の手順を示唆したり，間違いを指摘したりながら一緒に問題に取り組みました（図9）。

これらの経験を通じて，Aくんは問題解決の方法が分かっただけでなく，問題が解けず困った時に，何が分からないのか，どの部分で詰まっているのかを突き止め，友達に相談すれば良いのかということに気付くことができました（図10）。

2，教師との対話の場面

- タブレットを使用して学習するCさんは，ある文章問題の意味が掴めませんでした。Cさんはその問題文の何が分からないのか，どこが理解できないのかを考えました。

- Cさんは教師に，「この文章問題の聞いて

図10　2人で解いた問題を見合い，確認している様子

いることが分からない，何を求めたら良いのかも分からないので，何かヒントをもらえますか？」　と困っていることを質問しました。

- 教師はその問題の意味を丁寧に解説した上で，参考資料を提供し，Cさんの理解を助けました。日常の授業の中で，Cさんは困難を乗り越えるための援助要請の方法を学び取りました。困った時に，何に困っているのかを突き止め，誰かに聞くとことができるということは，児童がそこ後の学習を主体的に進めていくことにつながっていくと考えます。

自己記録　□学習の進捗について確認したことや，学習中に大切だと思ったことを記録していたか

学習中に自身の進捗や理解の過程を記録することは，後の振り返りや理解の深化につながるため非常に重要です。児童は以下の方法で自らの学習を記録していくことが

できるようになりました。

1，記録用学習カードの配付

- 児童に，記録用の学習カードを学習計画（図6上段は児童が学習中に記録をしたカード）の上段に貼り付け配付しました。児童は，配付された「学習カード」に，学習中に考えたことや大切だと感じた考え方を記録していました。

授業の終末では，学習カードに記述したことを参照し，振り返りを記述する姿が見られました。このように，授業中に自らの学習を記録することによって，学習中にうまくいっていると感じたところや，うまく学習を進めることができなかったことなどを具体的に振り返ることにつながりました。

2，黒板の内容の撮影と保存

- 授業終了後，黒板の内容を静止画で撮影し，その静止画を学習計画のカードに貼り付けるように指導しました（図11）。

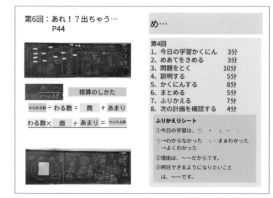

図11　学習後に，デジタルポートフォリオとして整理したカード

この写真は，後の単元を振り返る際に大変役立ちました。特に，写真に「自分の考え」や「友達の考え」を注釈として追記することで，単元を振り返る際に，自分が考えたことや友達が考えたことを思い出すことができたようです。

〈参考文献〉
・木村明憲（2020）単元縦断×教科横断

▷┈┈ 実践のポイント ◁┈┈

本実践では，児童が自ら学習を進めていくことができる環境を提供したり，躓いたときにどのように乗り越えれば良いのかということを児童に指導したりしています。また，児童が見通しをもって学習を進めていくことができるように，学習計画を示したり，学習の進捗を確認する場面を設定したり，誰がどのように学んでいるのかを可視化したりしています。このような手立てが，児童の「自分の力で学んでいくんだ」という気持ちを高めているのではないかと考えます。

ただ，このような手立てをすれば，児童が自ら学んでいくようになるというわけではありません。学習計画に貼られたQRコードを読み取りヒントを得たり，学習の記録を自分なりに整理したり，自分が躓いていることが何かを突き止めたりすることができるのは，児童に情報活用能力が身についているからです。児童が，自らの学習を調整するためには，情報活用能力を高め，様々な情報を収集したり，自らの考えを表現したりできることがとても重要なことなのです。

05 学習環境を創造することで生まれる学び

射水市立片口小学校 ● 福田慎一郎，北林圭一

単元目標を達成するためには，児童が自分自身で学習環境を創造できることが大切だと考える。本実践では，ICT の活用，器具庫の開放，練習メニュー表の提示，ペア学習の 4 つの手立てを中心に行ったことで，児童が単元目標達成に向けて，協働的に学び，自己調整する姿が見られた。

小学校 5 年生　体育 ▶ 何回でも美しく跳ぼう　台上前転・伸膝台上前転

◆自己調整学習チェックリストの項目

実行確認　□方法・方略を確認していたか
実行調節　□方法・方略を調節していたか
環境構成　□学習しやすい環境をつくりだそうとしていたか
援助要請　□学習がうまく進まなかったり，時間が足りなかったりした際に他者に相談していたか
自己記録　□学習の進捗について確認したことや，学習中に大切だと思ったことを記録していたか

環境構成　□学習しやすい環境をつくりだそうとしていたか

本実践では，児童が自分の単元目標を達成するために，自分で学習しやすい環境をつくることができるよう，自己選択や自己決定ができる環境を児童が自ら構成することができるよう工夫しました。

1 つ目の工夫は，ICT 環境です。本実践では，児童が学習用端末の，どのアプリケーションを使っても良いことにしました。本授業を受けた児童は，4 年生の時から，授業でオクリンク，ムーブノート，発表ノート，Teams 等を活用して学習してきた児童でした。また，跳び箱の後方に，大型モニターとカメラを常設し，遅延動画の撮影，比較再生や重ねて再生ができるようにしました。

本実践では，児童が単元目標を達成するために，自分の動き方を確認し，分析することが必要だと考え上記のような環境を整えました。このような環境を構成すること

図1　ICT環境を自己選択する様子

図2　器具庫内の物を自己選択する様子

図3　学習環境を創造する様子

学習（練習）計画　　　15分ぐらい
① 4段の跳び箱で，伸膝台上前転をする。
②ペアの人にタブレットでコマ撮りやスロー
　録画で撮影してもらい，膝が伸びないのは，
　何が原因かを調べる。

図4　学習計画を確認する様子（上）と確認している計画（下）

で，児童は，「タブレット＋遅延動画再生」「比較再生＋大型モニター」などといったように自らの目標を達成するために，適切な環境を自ら構成し，自分の動き方を分析しやすい環境をつくり出していました。

　2つ目の工夫は，体育館器具庫の備品を開放しました。児童が単元目標を達成するためには，自分の学習計画に適った学習環境を自分でつくる必要があります。そこで，児童に体育館器具庫にあるものを紹介し，安全面に留意した上で，器具庫内の物を自由に使っても良いことにしました。このように，学習環境を児童が自らの単元目標を達成するために自己選択・自己決定できるようにしたことで，自分にとって必要な学習環境が何かを考え，器具庫にあるものを使って，練習しやすい環境を構成しようとする姿が見られました。

　A児は，自らの課題として「両足踏切」を設定していました。授業では，両足踏切を練習するために，まずミニハードルで練習を始めました。その後，踏切位置を分かりやすくするために，踏切版に赤い玉を置き，強く踏み切る練習をしていました。これは，単元目標を達成することに向け，試行錯誤する中で創造したA児にとっての最適な環境構成となりました。

| 実行確認 | □**方法・方略が適切であるかを確認していたか** |
| 実行調整 | □**方法・方略が適切であるかを調節していたか** |

　本実践では，上図4のように，毎時間のはじめに，学習計画表を児童がペアで確認する場を設定しました。ペアで確認するときには，①前時の振り返りを基にした本時

の課題は何か，②学習方法・方略が適切か，③1時間の中で練習計画を自由に変えて自分で学習を進めることができるか，という3点を大切にしました。

B児は，自分の単元目標である「伸膝台上前転を，何度やってもきれいに跳べるようになる」に対して，「膝を伸ばして跳べるように（回れるように）する」という短期目標を設定し，自らが立てた学習計画を基に，練習を始めました。

B児は，自らが跳び箱を跳ぶ姿の動画をタブレットPCで撮影し，自分の様子を分析していました。この時，ペアの友達からの助言で，「膝が伸びていないのは，膝を閉じて前転ができていないことと関係があるのではないか」と気付きました。そこで，跳び箱を跳ぶ際の方略として「膝を閉じて前転する」を学習（練習）方法の枠に追記していました。

このように，動画を確認するという方法で，跳び箱の跳び方についての方略を確認したことが，学習方略を調節することにもつながったのであると思います。

図5　動画を見ながら，着地の時の足の様子を確認する

図6　膝を閉じて前転の練習をする

援助要請　□学習がうまく進まなかったり，時間が足りなかったりした際に他者に相談していたか

本実践では，単元目標が類似している児童同士でペアを作り，学習を進めました。A児は，前時の振り返りを基に，2時間目の自分課題を「しっかりと着地する」とし，学習計画を「跳び箱の高さを1段，2段，3段，4段と増やしながら台上前転をする」と設定していました。

A児は，跳び箱が4段になると恐怖心が生まれ，思い切って踏み切れない様子が続きました。その様子を見て，ペアのC児は「踏切が思い切りできていないから体が浮いていないよ」とアドバイスしました。このアドバイスを基に，A児は「踏切の改善」を新たな課題として設定し，教師が配付した練習メニュー例を参考に次頁図7のように

練習の場を作り直し，課題の解決に向けて下記のように学習方法・方略を調節しました。

A児はC児のアドバイスを参考に練習に取り組んだ結果，最終的に6段の跳び箱で台上前転に成功しました。A児は振り返りの「うまくいったこと」で図8のように「踏切ができた。6段の台上前転できれいに回

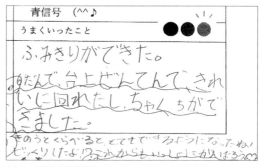

青信号　(^^♪

うまくいったこと　●●●

ふみきりができた。すだんで台上ざんてんできれいに回れたし、ちゃんちができました。

きのうとくらべると、とてもですタごうになったね！ビックリしたよ！？らかからもいっしょにがんばろうね！

図8　A児の振り返り

85

踏切版を持ってきて，練習する

恐怖心から，強く踏み切れない

強く踏み切るように助言をもらう

こうやって両足を高く上げないと。足を高く上げる練習にする？

両足で強く，高く踏み切る場をつくる

トン,トンって。走ってやってみたら？

できたやん！
ミニハードル，3台に増やすね！

3台でもできたから，跳び箱でやってみよう。踏み切る目印は，赤玉。

跳び箱に踏切版と目印の赤玉を置いて練習する　　踏み切る目印の赤玉を取って練習する

図7　練習の場を創り直し，学習方法を調節する様子

れたし，着地ができました」と記述していました。また，C児からの「昨日と比べるととてもできるようになったね！びっくりしたよ。これからも一緒にがんばろう」というコメントを受け，次時に向けてさらに意欲を高めました。

自己記録　□学習の進捗について確認したことや，学習中に大切だと思ったことを記録していたか

本実践では，多くの児童がタブレット端末で自分の動きを録画・保存しました。そして保存した動画を比較再生したり，2つの動画を重ねて再生したりして自らの動きを確認し，本時の学習を振り返ったり，次時で自らの目標を設定するために学習した

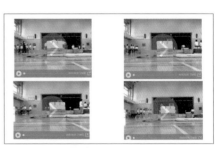

図9　A児の記録の様子

ことや学習中に気付いたことを記録したりしながら学習を進めました。

先に紹介したB児は，記録した動画を振り返り，図10のように単元初めに設定した課題を二重線で訂正し，新たな課題を設定しました。

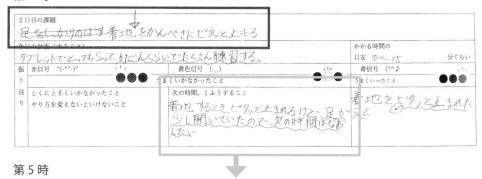

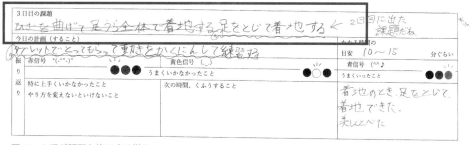

図10　B児が課題を修正する様子

▶実践のポイント◀

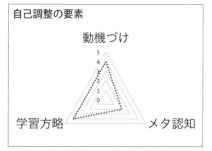

自己調整の要素

本実践の特徴は，児童が自ら設定した目標を主体的に達成することができるように，タブレットPCのアプリケーションや体育館器具庫にある教具を自由に活用することができる環境にしたことです。このことが，児童の動機づけを高め，学習方略を調節しながら学ぶ姿に繋がったと考えられます。

また，児童同士でペアをつくり二人で協力して学習を進めていくことで，お互いの課題に気付いたり，より良い環境を構築する上で助け合ったりすることに繋がったことも，児童が目標を達成したいという強い動機づけがあったからこそではないかと考えます。

本実践では，児童が，跳び箱を跳ぶ自らの姿を動画で撮影するという方法で，どのように練習をすればうまく跳べるようになるのかを考え，学習方略を試行錯誤しています。ここでの方略は目標を達成するための練習の仕方です。このように「どのようにすればうまくできるのか」を考えることが学習方略の検討にあたります。方略を検討しようとすることが，課題・目標の解決・達成に向けた方略を自ら導き出していく力を高めることにつながるのだと考えます。

06 協働的な学びで養う自己調整力

八尾市立安中小学校●山口亮介

本実践を行った勤務校では，「学習計画」を作成し，学習課題が単元を縦断する（単元縦断型）学習を実践している。単元縦断型学習では，特に，学習課題の解決に向けて協働的な学びの実現をめざす。本実践では，ロイロノートの共同編集機能を使ってグループで互いの学習の進捗状況や考えを確認しながら学習を進めた。そして，個人作業とグループの協働学習を繰り返し行うことを通して，自己調整スキルの育成を図った。

小学校 6 年生　国語▶時計の時間と心の時間

◆自己調整学習チェックリストの項目

実行確認　□方法・方略が確認していたか　時間配分を確認していたか
実行調節　□方法・方略を調節していたか　時間配分を調節していたか
環境構成　□学習しやすい環境をつくりだそうとしていたか
援助要請　□学習がうまく進まなかったり，時間が足りなかったりした際に他者に相
　　　　　　談していたか

実行確認　□時間配分を確認していたか
実行調整　□時間配分を調節していたか

「複数の事例を使って説明する筆者の意図について考えよう」という学習課題のもと，今回の実践ではロイロノートの共同編集機能を使ってグループで学習しました。グループ活動の際は，学習に割り当てる時間や役割をすべて自分たちで決めるよう指示をしました。図1は，共同編集で用いたシートで，図2は，そのシートを用いて学習を進めているグループ活動の様子です。本単元

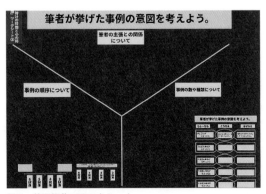

図1　共同編集で用いたシート

図2　グループ活動の様子

に付随した練習教材の段階では，個人思考（個人で考える場面）とグループで話し合う場面を教師が設定した時間配分を基に，学習活動を区切りながら作業していましたが，本単元では，練習教材での経験を参考に，グループで時間配分を決めるように指示し，練習教材よりも長い時間の枠を児童に委ね

ました。すると，児童はグループの学習の進行状況に合わせて，自らが設定した時間的な計画に修正を加えながら主体的に学習を進める姿が見られました。個人思考とグループでの話し合いにおいて，児童が時間的な見通しを明確にもち，残り時間を意識しながら学ぶことが，Yチャートの視点の中で記述が進んでいない箇所を共有したり，友達にアドバイスを求めたりする姿につながりました。与えられた一定の活動時間の中で，残り時間を確認して進捗状況を明らかにすることの必要性を繰り返し指導する中で児童は，ふと立ち止まって客観的に自らの学習を俯瞰する姿勢が自然と身についていったように思います。

実行調節	□**方法・方略を調節していたか**
援助要請	□**学習がうまく進まなかったり, 時間が足りなかったりした際に他者に相談していたか**

　今回設定したのは，「個人思考」，「グループでの話し合い」，「最後に自分の考えをまとめる」という3つの活動を25分で行おうというものでした。前述したように，対話を通して進捗状況を確認した後，各々の方法で解決方法の修正を図っていました。「要するに筆者は○○と言いたいんかな？」と事例の順序性について考える上での大きな方向性を揃えるために，一度キーボードの手を止めて全員で読み取った内容について確認する作業を入れたり，自分や友達の思考の整理に役立てようと，事例の段落の見出しを考え出したりする児童の姿も見られました。そうした中で，思考と対話が繰り返され，「ここの事例の数や種類に関しては十分に考えられたから，みんなこっちはどう

かな？」などの提案が明確な共通認識のもとに行われていました。また，作業が進まない仲間がいる場合には，一度ロイロノートから離れ，顔を寄せながら話しかけ，教科書を指さしながらのサポートが始まります。ロイロノートの共同編集を学習者が上手く使いこなすことで，個人のみの活動では起こりにくい援助をしたり，援助を要請したりする姿が自然に生まれたのだと感じています（図3）。

図3　シームレスな対話が見られた場面

89

今回の実践では，児童に完全に委ねた25分間の中で，児童は筆者の様々な意図に気付き，最終的に自分の考えとしてまとめます。まず，初めに，児童はグループごとに，「自分で考える時間」，「話し合って考える時間」，「自分の考えをまとめる時間」の3つの活動の時間配分を決め，本時の学習活動に取り掛かりました。すると，活動が進む中で，特にタイムキーパーなどの役を作らずとも，「あと○○分しかないから，まとめていこうか」などの声をかけ合うグループがあったり，残り時間を確認した上で本時の目標を再確認し，本時ではやり切ることができないことをやむなく切り捨てる選択をしたりするグループも出てきました。それらの具体的に表出してきた行動から分かるように，決められた時間内で自分たちの学習をコントロールする活動を繰り返し経験することで，残り時間を意識して学習を調整することができるようになったのではないかと考えられます。なお，このような，児童が時間配分を決める活動は，この単元の学習だけでなく，これまでの様々な学習活動で経験していたこともあり，本実践で具体的な姿として表出したと考えます。また，個人ではなかなか時間を意識することが難しい学力層の児童も，同じグループの参考となるロールモデルから学び取ることができていました。

環境構成　□学習しやすい環境をつくりだそうとしていたか

学習の環境構成についても，児童の主体性に委ねました。25分間の協働学習が始まり，個人思考の時間を前向きの机のまま行うグループが多い中，あるグループが率先して対面型の班の形にし始めました。このように児童が，机を対面型に動かしたのは，

図4　学習に適した環境を児童が自らつくり出している様子

シームレスな対話と思考の実現のために児童がつくり出した学習しやすい環境だったのではないかと考えられます。このような姿の他にも，個人で学習を進める時間や，グループで学習を進める時間において，児童が自ら学習しやすいように机の配置を変え，学習するのに適した環境を自らつくり出す姿が見られました。

また，学習しやすい環境をつくりだしていたと考えられる児童の姿は，学習形態（机の移動）だけではありませんでした。図6は，自分の考え（筆者の意図）をまとめているときの様子です。指導者の指示はこうです。「共同編集で使ったシンキングツールを見な

図5　タブレット PC 内で学びやすい学習環境をつくり出している様子

がら自分の考えをまとめましょう」この指示に対して，写真の児童は共有ノートにあったカードを，マイフォルダを経由して，個人のノートにデータを移動させていました。また，ある児童は画面分割して左右の画面に分け，考えを書きやすいようにタブレット内の環境を工夫してまとめていました。このように，児童は自ら工夫して，学習しやすい環境をつくり出して学ぶことができていました。

▶実践のポイント◀

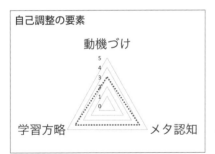

自己調整の要素

　本実践では，児童が学習の時間配分を考え，グループで学習を進めています。時間配分を児童が決める際に，「3 つの活動を 25 分で実行する」という制約がありました。教科学習で児童・生徒に学習の進行を任せる際は，このように明確な制約を設けることが重要であると考えます。本実践の場合，3 つの活動を 25 分で行うと指示されていたので，おそらく児童は，8 分 +8 分 +9 分といったように均等に時間配分をしたり，学習活動の内容に応じて，多少の軽重をつけたりして活動時間を決めていたのではないかと考えます。

　このように明確な時間設定があることで，時間の配分を決めやすくなるのです。これは，単元計画を作成する際も同じです。単元の中で「児童に委ねる時間はどの程度あるのか」「その時間内にどのような課題を解決するのか」ということを明確にすることにより，児童は学習計画を立てやすくなります。

　いかなる場面においても児童が時間配分をする際は，児童に委ねることができる時間とその時間に解決・達成することを明確にすることが重要なのです。

07 深度表を用いた自己調整学習（自由深度学習）

箕面市立とどろみの森学園●新井雅人

生徒が自己調整しながら個別最適に学習を進めていくために，学習内容の深さに着目した"深度表"を作成した。この深度表を基にした自己調整学習を"自由深度学習"と称して実施した。"深度表"を用いることで学習内容が多く，難しい中学校でも自分自身で方法・方略を見通すことを可能にした。

中学校2年生 | **理科▶** 生物の体のつくりとはたらき　3章　動物の体のつくりとはたらき | **1 消化と吸収**

◆自己調整学習チェックリストの項目

実行確認　□方法・方略が適切であるかを確認していたか　□残り時間を確認していたか

実行調節　□方法・方略を調節していたか　□課題・目標を確認していたか
　　　　　□残り時間を調節していたか

自己指導　□自分に質問するようにして学習の進捗を確認したり，内容の理解を深めようとしたりしていたか

自己記録　□確認したことや，学習中の大切なことを記録していたか

環境構成　□学習しやすい環境を整えようとしていたか

援助要請　□学習がうまく進まなかったり，時間が足りなかったりした際に他者に相談していたか

〈 **本実践の特徴と概要** 〉

　自己調整学習を行っていく上で，自分自身で学習内容や方法・方略を見通すことが重要になります。しかし，中学生の学習内容は非常に多く，難しいです。そんな中，学習内容や方法・方略を見通すことは容易ではありません。つまり，実行するフェーズである実行確認，実行調節，自己指導，時間管理，環境構成を自分自身で行うため

には，それ相応の指標となる"学びの地図"のようなものが必要だと考えました。

　そこで，その"学びの地図"を「深度表」（図1）と称して，単元計画時に生徒に配付しました。

　この「深度表」を基にして，生徒たちは「実行する」フェーズを自分自身で選択・調整しながら進めていきます。これを「自由深

深度表		3章　動物の体のつくりとはたらき
8年　　組　　番　名前		1：消化と吸収　P114〜P123

深度	内容	具体的にやること		先生チェック
1 ▼	キーワードの意味を覚える（ゴクマスターをすべて埋められる）(step1 or step2)	①ゴクマスターで自分でテスト ②覚えるための方法を考える ③練習　くりかえす	消化　消化器官　消化管　消化液　消化酵素　吸収	
2 ▼	教科書の内容を大体把握する（基本情報の整理）	小見出しの内容をコンセプトマップに語句を関連付けて構造化する ↓【整理して文章化】すると、さらに記憶に残る！	①P115　　A食物 ②P118　●消化液と消化器官 ③P118,119　●消化酵素＋消化酵素のはたらき ④P121　●養分の吸収 ⑤P122　●吸収された養分の利用 ⑥P122　●養分の貯蔵　／　使う語句やヒントは授業用フォルダ	
3 ▼	図の意味を大体理解する（基本情報の整理）	教科書の図をモデル化する（図を簡単にする）	①P114　図1　動物の生命を維持するはたらき ②P119　図4　消化のしくみ ③P121　図5の中の「柔毛」 ④P122　図6　肝臓の主なはたらき ⑤P122　図7　養分の貯蔵と貯蔵された養分の利用　／　ワークの図も参考に	
	テスト フィフティ ライン			
4 ▼	理解できていないところをみつける→わかる	ワークを解く or 類題を解く（教科書をみずに）	ワークP50〜P67　※消化と吸収以外も含んでいる	
5 ▼	理解できていないところをみつける→わかる	Qを解決する（教科書をみずに）	Q1：なぜ消化というはたらきが必要なのか？ Q2：人はなぜ食べる必要があるか？　使う語句：細胞呼吸 Q3：人はなぜ呼吸をする必要があるか？　使う語句：細胞呼吸	
6 ▼	自分がどこまでできるかパフォーマンスする	文章、コンセプトマップ、モデルを駆使して説明する	Aさんがからあげ定食を食べました。食べたあと、体内での食物（養分）のゆくえを説明しなさい。 ※消化から吸収して利用されるまでのストーリー ※消化器官、消化液、消化酵素をいれること ①ご飯（炭水化物）②からあげ（タンパク質）③からあげ（脂肪）	
7 ▼	興味から理解を深める	自分でQをつくり、解決する	あなたのQ	
学び方プラス		関連動画　関連サイト　関連ゲーム　本　マンガ　図鑑　など		

実行する

図1　深度表

度学習」と称して実施しました。

　一般的には"深度"という言葉は使われず、"進度"という言葉が使われ、「自由進度学習」と称されています。私が"深度"に着目したのは、ある生徒が化学分野の授業の時間に、高校の教科書を使って学習を進めていたのがきっかけです。

　その生徒は理科に対する興味・関心が高く、積極的に学習を進めていました。中学校レベルの学習内容は理解できていたので、自分で学習を進めていくこと自体は問題なかったのですが、私は，ある違和感を覚えました。

　その違和感は、その生徒が"学習を先に進めること""新しい知識をインプットすること"だけに価値をおいていないか、ということです。興味・関心があって学習を「進める」ことも良いことであると思うのです

が、今、学習している内容について、「深める」という視点も重要なのではないかと思ったのです。

　興味・関心が高い生徒が，先に進むのではなく，学習内容を深めていくことができるようにするにはどのようにすればよいかを考えました。この考えは，興味・関心が高い生徒はどこまでも学習内容を深めて良いということです。教科学習としての到達目標を達成することを前提とした上で，授業の中で理科が苦手な生徒と得意な生徒で，それぞれにあった到達点を自ら決められることが大切ではないかと考えたのです。

　つまり、自己調整学習と言っても、方法や方略を選択するという視点だけでなく、学習内容に対する深さを選択できるようにしたのです。そのために"深さ"を深度表により見える化させる必要があったのです。

しかし，深度表だけでは，「見通す」ためには不十分だと思いました。深度表で見通せるものは，方法や方略のみだからです。理科という教科の特性上，既習事項を基に生徒が自らの力で学習内容を見通すことは難しいと思います。そこで，学習内容のあらすじを把握してから学習をはじめられるようにするべきだと考え，単元計画を立てる前に，

①単元を全体的に説明している動画を見る（NHK for School 等）
②講義形式で単元の説明する
③重要語句とその意味についてまとめる（教科書のまとめのページ）
という3つの学習活動を行いました。

これらの活動は，本を読む際にまえがきやあとがき，目次，あらすじなどを先に読むことで本の全体像が掴め，見通しをもって読むことができて内容が理解しやすくなるのと同じ効果をねらった活動です。これらの活動を通して学習内容を見通し，深度表で方法や方略を見通します。

これを単元の導入とします。この導入があるからこそ，実行するフェーズの土台ができると考えています。

次は，生徒が学習を深める上での指標となる深度表のつくりについてです（図2）。

深度1は，その単元で学ぶ重要な語句とその意味を結びつけられるようになるという内容です。「ゴクマスター」（図3）と称して，重要語句を一覧にしたプリントを作成し，覚える⇔テストを繰り返します。このときに，重要語句を覚えるための方法・方略を考えるように指導します。深度1は，学習に向き合うことが難しい生徒が，自分で行動を起こすことができるように設定

深度	内容	具体的にやること
1 ▼	キーワードの意味を覚える（ゴクマスターですべて埋められる）(step1 or step2)	①ゴクマスターで自分をテスト ②覚えるための方法を考える ③練習
2 ▼	教科書の内容を大体把握する（基本情報の整理）	小見出しの内容をコンセプトマップに語句を関連付けて構造化する【整理して文章化】すると、さらに記憶に残る！
3 ▼	図の意味を大体理解する（基本情報の整理）	教科書の図をモデル化する（図を簡単にする）
テスト フィクチャー		
4 ▼	理解できていないところをみつける→わかる	ワークを解く or 類題を解く（教科書をみずに）
5 ▼	理解できていないところをみつける→わかる	Qを解決する（教科書をみずに）
6 ▼	自分がどこまでできるかパフォーマンスする	文章、コンセプトマップ、モデルを駆使して説明する
7 ▼	興味から理解を深める	自分でQをつくり、解決する

図2 深度表の内容と生徒がすべきこと

ゴクマスター step1
練習用

☑	語句	説明
		食物の養分を吸収されやすい形に変化させる過程。
		食物に含まれる養分を体にとり入れるためのはたらきをしている部分。
		口から肛門までの食物の通り道。
		消化管の途中で出される。消化酵素を含む。
		食物を吸収される形にまで分解するはたらきがある物質。
		消化された養分が消化管の中から体内にとり入れられること。

生物3章 動物の体のつくりとはたらき

図3 ゴクマスター

しました。

深度2，3については教科書レベルの基本的な内容を把握するという内容です。深度2に関しては，語句と語句の関連を図（コンセプトマップ）に整理します（図4）。深

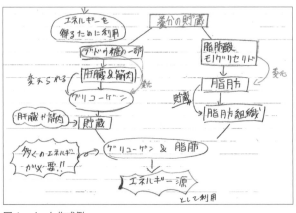

図4 ノート作成例

94

度3に関しては，教科書の図や情報をモデル化（簡易的な図）にします（図5）。これ

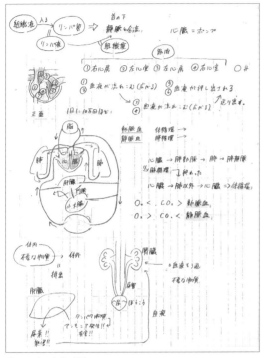

図5 ノート作成例

4	▼	理解できていないところをみつける→わかる	ワークを解く or 類題を解く（教科書をみずに）
5	▼	理解できていないところをみつける→わかる	Qを解決する（教科書をみずに）
6	▼	自分がどこまでできるかパフォーマンスする	文章、コンセプトマップ、モデルを駆使して説明する
7	▼	興味から理解を深める	自分でQをつくり、解決する

図6 深度表の内容と生徒がすべきこと（深度4~）

らは，自己調整学習チェックシートの自己記録に繋がると思います。

　基本的な内容のインプットはここまでです。ただこれでは，本当に分かっているか，1人でもできるのか実感しづらいと思い，深度4を設定しました。ワークの問題を解いたり，単元の内容に即した入試問題等を解いたりして，自分自身で理解度を確かめます。

　また，全員の学習内容を逐一把握ができるわけではないので，抜けがないようにするための手立ても必要です。

　深度5では，学習内容が本質的に理解できていれば答えられる問いを設定することで，本当に分かっているのか，また，深度6において，知識が使える状態にあるのか，という確認ができるように設定しました。

　最後に深度7を設定したのは，自由深度というならば本来はどこまででも深く学んで良いので，最終的には学習内容に関する自分が疑問に思うことや知りたいこと（Q）を探究することを目標として設定しました。

　つまり，深度7以上はどこまでも深めていって良いという自由深度学習を象徴する意味もあります。

実行確認	□ 方法・方略が適切であるかを確認していたか
	□ 残り時間を確認していたか
実行調節	□ 方法・方略を調節していたか
	□ 課題・目標を確認していたか
	□ 残り時間を調節していたか
自己指導	□ 自分に質問するようにして学習の進捗を確認したり，内容の理解を深めようとしたりしていたか
自己記録	□ 確認したことや，学習中の大切なことを記録していたか
援助要請	□ 学習がうまく進まなかったり，時間が足りなかったりした際に他者に相談していたか

　本単元では，自由深度学習を3時間実施しました。まずはこの深度表を基にして，生徒がどう学習を進めていくかを計画します。また，1時間ごとの授業のはじめに，その時間の方法・方略についての計画を立ててから学習に取り組みました。生徒によっては，予め3時間分の計画を立てて，1時間ごとに修正しながら学習を進めていました。

　1時間の授業の終わりには振り返りの時間を設け，その時間の方法・方略が適切であるかを確認しました。同時に，課題や目標を確認し，次の時間の方法・方略について確認・調節していきました。

　この進め方により，実行確認，実行調節，自己指導，自己記録，援助要請の全てが満たされると考えます（振り返りの詳細は「振り返る」フェーズにて説明しています）。

環境構成 □ 学習しやすい環境をつくりだそうとしていたか

　さらに，自己調整を行う上での課題方略，環境構成を行う際にもっと自由な選択肢が必要だと感じていたので，方略を増やすための環境整備を行いました。それが，「学び方プラス」です。

　本単元で用意したものは，図鑑や本，マンガ，絵本です。理科の時間になるとそれらの資料を教室の後ろに並べて自由に手に取ることができる環境を作りました（図7）。

　また，動画やシミュレーション（図8），ゲーム（図9）も選択肢に入れました。どのような手段で情報を集めるのかということを自分で探し，決めるのも学習ではないかとも思いますが，限られた時間数の中での学習であること，自律できていない生徒にとっては自由過ぎる環境では学びに向かえなくなることを懸念して，選択肢を用意するのが適切だと考えました。

図 7: 学習内容に関連した本や図鑑等

図 9　ゲーム画面
（消化ダンジョン）
出典：公益財団法人ダノン健康栄養財団の食育情報サイト
「ごはんだもん！げんきだもん！」
https://gohagen.jp/unchi/about/

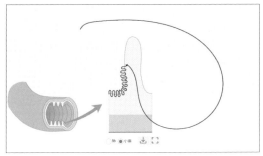

図 8: シミュレーション画面

▶実践のポイント◀

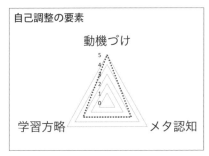

自己調整の要素

　本実践では，深度表という学習の深さを可視化した表が生徒に配付され，生徒はその表を参照しながら，自らの興味・関心に合わせて学習を深めていくことができる仕組みになっています。このような仕組みは，理科に対する好奇心が高い生徒にとって学びたいことをどんどん深めていくことができるため，生徒の内発的な動機づけを高めることに繋がったと考えられます。また，理科に対して苦手意識をもっている生徒に対しても，ゴクマスターといった重要な語句の説明が列挙されたプリントが配付されたことから，このプリントを活用しながら重要な語句を何度も書いたり読んだりして覚えていくといった学習方略を身につけることができたのではないかと考えられます。

　さらに，深度表に対応する書籍や教材を，いつでも手にすることができる環境が構成されていたことから，生徒の内発的な動機づけを持続させることにも繋がったのではないかと考えます。

 08 天気の学習から天気予報番組の制作

東大阪市立弥刀中学校 ● 飯田広史

本実践は，天気分野において「気象予報士になろう！」という単元目標を初めの授業で生徒に伝えた。その目標を基に，気象予報士として天気を予報する動画を作成することをめざし，生徒たちが主体的に学習を進める姿が見られた。ここでは，この単元目標を基に，生徒が自己調整しながら探究的に学習を進める授業実践について紹介する。

中学校 2年生 理科 ▶ 地球の大気と天気の変化

◆自己調整学習チェックリストの項目

実行確認　□方法・方略を確認していたか　時間配分を確認していたか
実行調節　□方法・方略を調節していたか　時間配分を調節していたか
自己記録　□学習の進捗について確認したことや，学習中に大切だと思ったことを記録していたか

実行調節　□時間配分を調節していたか

　生徒が主体的に学ぶことを大切にする上で，「何を使って学ぶのか」「どのような方法で学習を進めていくか」「何に記録するのか」ということを考える時間を設定しました。

　タブレットPCが生徒一人に一台導入されたことにより手軽にインターネットで調べることができるようになったため，当初は，初めから何も考えずにインターネットで検索しようとする生徒が多く見られました。しかし，インターネットで情報収集をすると，出てくる情報量が非常に多く，課題か

ら反れてしまったり，時間が足りなくなったりするということを生徒たちは経験しました。これらの経験から，生徒たちはインターネットが，興味・関心を広げたり，幅広く情報を集めたりする際に効果的に活用することができることを知りました。そして，教科書などの書籍が，中学生を対象として体系的に分かりやすく記述されていることに気付くことができました。

　このような学習方法に対する気付きから，生徒が課題や目標に合わせて学習方法・方略を選択（調節）する姿に繋がっていきま

した。

また記録媒体についても，タブレットPCに記録することの良さとノートなどの紙に記録することの良さを理解し，学習方法・方略を選択する生徒が増えていきました（図1~4）。

図1~4を記述した生徒Aは，2つの単元を通して自らの学習を調整しようとしていました。生徒Aは，初めの方はインターネットで調べつつ，デジタルノートに情報を集め，整理していました（図1）。しかし，単元後の振り返り（図2）ではデジタルの良さに触れつつも，インターネットは情報量が非常に多いことから「情報収集が目標からズレやすくなると感じた」と記述しています。生徒A

は，理解しなければならないことを明確にせず，情報を集め，まとめてきたことに原因があると感じたようで，集めた情報をそのまままとめるのではなく，それらの情報を整理し，大切な情報に焦点化してまとめるために「次回は，紙のノートにまとめてみようか」と学習方法・方略を変更（調節）することを決めました（図2）。

生徒Aは，このような振り返りを踏まえ，次の単元では紙のノートに学習内容を記録していました（図3）。その結果，その単元の振り返りでは，紙のノートに書いたことで，「学習内容が頭に入り効率が上がった」と記述しており，自己調整シートを活用したことが，自らにとって最適な学習方法・方略に気付くことにつながったと考えられ

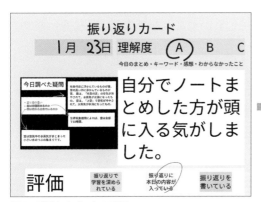

図1　デジタルノートの感想

図2　単元終了後の振り返り

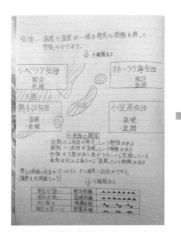

図3　前回の経験から紙ノートでまとめる

うまくいったこと	うまくいかなかったこと	次に活かせること
紙のノートで書いた方が頭には入った。効率は上がった。	問題に全然取り組めなかったのでテストでなかなかいい点数がとれなかった。	授業中以外でもいいのでキュビナなどに出来るだけ取り組む。

図4　自分に最適な学習法を見つける

実行する

ます。

　ただ、生徒Aは、単元の振り返りに「ノートにまとめることばかりに意識が向いてしまい、練習問題などを解く学習ができていなかったため、小テストでは思うような点数が取れなかった」と振り返っており、教科書やインターネットから情報を集め、紙のノートで整理するだけではなく、「電子ドリルなどにも取り組む必要がある」と、今後の学習方法・方略についても考えることができていました（評価結果を基にその理由を考えたことより、次の学習に適用することをみつけた姿）。

自己指導　□課題・目標を確認していたか

　生徒が課題・目標を確認するために、学習計画シート（図5）を活用するとともに、授業の最初に本時の課題を確認しました。本実践では、「気象予報士になろう」という目標を基に、生徒が単元の最後に気象予報士のように明日の天気について話をする「天気予報番組を作成する」という課題を設定しました。単元の最後に、生徒が気象予報士のように話すことを意識付けるため、毎時間の最初に気象予報士が天気図を示しながら解説している動画を視聴する時間をとり、単元の課題・目標を常に確認することができるようにしました。そのような時間を取ることで「天気予報番組を作成する」という課題についてのイメージを徐々に明確にしていくことができたように思います。

実行確認　□方法・方略を確認していたか
　　　　　□時間配分を確認していたか
実行調節　□方法・方略を調節していたか
　　　　　□時間配分を調節していたか

　学習計画シート（図5）で、1時間毎の課題と予定している授業数を伝えていました。単元の前半の授業では、時間内に終わらせることができない生徒が多かったため、後半は1時間1時間の終末に学習方法・方略と時間配分について振り返ることことができるように振り返りシートを変更しました（図6）。これにより、「取り組んだ学習方法・方略で時間内に課題が解決しましたか」の項目では、初めの2時間で「いいえ」を選

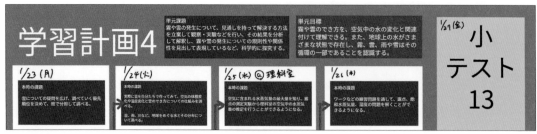

図5　生徒が記述した学習計画シート

択していた生徒が非常に多くいましたが，3時間目になると「はい」と回答している生徒の方が多くなり，授業が進むごとに学習

方法・方略を調節し，時間内に課題を解決することができるようになっていきました（図7）。

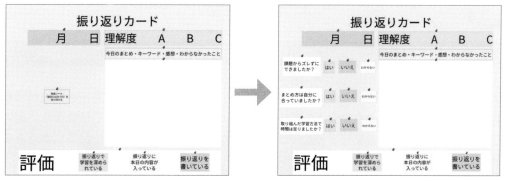

図6　時間を意識させるための振り返りカードの変更

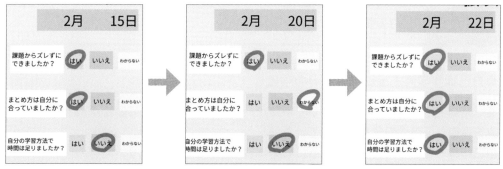

図7　変更した振り返りカードにより残り時間を意識

実践のポイント

自己調整の要素

　本実践報告では，生徒が自らの学習方法・方略を検討し，最も適した学習方法・方略を選択した様子が記されています。

　生徒Aは自らの学習を振り返った際に，インターネットで情報を集める方法，学習の記録を残すという方略の課題に気付いていました。そして，今の自分にあった適切な方法はどのような方法なのかを考え，教科書や紙のノートを選択していました。このように，自分自身の学習方法は何なのかを考え，自らの学習をメタ認知し，目標や課題を解決する上で最適な方法・方略が何かを考えることが自己調整学習を実現する上で非常に重要なことであると考えます。

　ただ，最適な方法ばかりを選択していると新しい方法・方略を身につけることができません。これまでに経験してきた方法や方略を選択するだけでなく，新たな方法・方略に出会ったり，生み出したりすることも大切です。

　そのような経験が新しい学習方法・方略を獲得し，今後の学習の幅を広げていくと考えます。

実行する

ミトナリエを開催しよう!

東大阪市立弥刀中学校 飯田広史

技術・家庭科，美術科，理科での学習内容を踏まえ，総合的な学習の時間を軸に教科横断的な授業実践として，イルミネーションの制作を行った。実際に回路をつくりながら，班で協働的にイルミネーションを制作する上で，残り時間を意識しながら学習を調整しようとする生徒の姿が見られた。

中学校 2 年生　理科▶電流とその利用

◆自己調整学習チェックリストの項目

実行確認　□課題・目標を確認していたか　時間配分を確認していたか
実行調節　□時間配分を調節していたか
自己指導　□自分に質問するようにして学習の進捗を確認したり，内容の理解を深め
　　　　　　ようとしたりしていたか
援助要請　□学習がうまく進まなかったり，時間が足りなかったりした際に他者に相
　　　　　　談していたか

実行確認　□**課題・目標を確認していたか**
自己指導　□**自分に質問するようにして学習の進捗を確認したり，内容の理解を深めようとしたりしていたか**

　本実践で取り組んだ「ミトナリエ」は，技術科・家庭科，美術科，理科の3教科を横断した実践です。「コロナ禍で沈んだ気持ちをイルミネーションで明るく照らし，地域の人たちに元気になってもらおう!」という目標を掲げ，地域を巻き込んで取り組んだイベントでした。理科ではオームの法則などを活用した回路設計，技術科ではマイ

クロビットによるLED点灯やそのほかのアクションのプログラミング，美術科ではそれを覆うライトボックスの作成，総合的な学習の時間ではイルミネーションのイベント企画と，地域の人に元気になってもらうという目標を達成するために，生徒が力を合わせて取り組みました。

　目標を達成するためには，「LEDを2つ光

らせる回路を設計することができる」や「マイクロビットで LED を光らせることができる」など，解決しなければならない課題が多々あります。今回はそれらの課題をあらかじめリストアップし，それらを 1 時間ごとの課題として割り振り，学習計画を作成しました。そのように学習計画を作成したことにより，毎時間の最初に生徒が自ら本時の課題を確認するとともに，授業の最後に課題の達成度を振り返り，次の時間に行うことを考える姿が見られました（図1）。

また，制作が進むにつれて，自分たちが光らせているイルミネーションとイベントの目標とを照らし合わせながら「きれいに見せるために LED を 1 色にするのではなく，3 色に変更しよう」や「クリスマスっぽく音楽が鳴るようにプログラムを組もう」な

図1　生徒が使用した学習計画シート

どいった「気持ちを元気にする」という目標を生徒同士が確認しながら制作する姿が見受けられました。確認をする生徒たちの姿は，一緒に取り組んでいる他の生徒や自分自身に質問するように課題・目標について問いかけており，一つの自己指導を行っている姿であると感じました。

| 実行確認 | ☐ 時間配分を確認していたか |
| 実行調節 | ☐ 時間配分を調節していたか |

■表1　学習進度表

2組	基本設計 考え中	LED 発注完了	回路設計 完了	照明制作中 プログラミング中	イルミネーション 完成	イルミネーション 点灯動作作成	発表資料 作成中	完成！
1班					1班			
2班							2班	
3班				3班				
4班			4班					
5班						5班		
6班				6班				
7班							7班	
8班							8班	

共有ノートも活用　何色を付加協力うか？　配色ノートこまで進める？　同時進行で進める　〆切：11/25　発表資料に入れる　ロイロノートで作成
予算：500円　配線も考える　必要なものは先に注文　予備日：12/2　30秒以内　LED4個光が出るもるも

表 1 は，生徒の学習進度を示すために作成した学習進度表です。イルミネーション完成までのステップを横軸に並べ，毎時間の振り返りの際に，その時間の進捗状況を確認し，班ごとの進み具合を示すことができるようにしました。生徒たちは「今自分の班が最終目標に対してどこまで進んでい

るのか？」，また本実践のスケジュールを示したカレンダー（図2）と照らし合わせ「残り時間はあとどれだけあるのか？」を意識していました。また，学習進度表をクラス全体で共有することにより，全ての班の進み具合が分かり，他の班の制作状況を確認し

図2　生徒に提示したスケジュール表

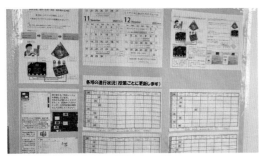

図3　廊下掲示（スケジュール・進度表）

図4　生徒が残り時間を意識し調整している記述

ている生徒が多かったです。教師が学習の進度を把握するためにも非常に役立ちました。電子媒体での共有も考えましたが，他のクラスと共有することが難しかったことと，生徒の目に自然と入ってくる環境を整えたいと考えたため，全学年の生徒が通る廊下に本取組のスケジュール表とともに掲示しました（図3）。

なお，スケジュール表（図2）は本実践が教科横断的な取り組みであったことから技術科・家庭科，美術科の教員と相談したうえで，実践が始まる前にすべて日程を決め，生徒に提示しました。

これにより生徒たちは，実行するフェーズでスケジュール表と学習進度表を基に，自分たちの目標と残り時間を確認し，残り時間でできることとできないことを整理し，場合によっては制作目標を変更する姿も見られました。このようにスケジュール表と進度表を確認することができる環境を整えたことにより，生徒自身が主体的に学習を調整しようとする姿に繋がりました。そして，このような経験を通して，スケジュールを立てて時間通りに学習を実行していくことの大切さを実感した生徒もいました。

図4は，学習を調整することの重要性に気付いた生徒の振り返りです。1時間目の授業では「班員で協力しながら進めることはできたが，時間が足りず基本設計を終わらすことができなかった」と記述されています。次の時間ではその反省を活かして，班員で分担し課題を時間内に達成することができました。3時間目においてもやらなければならない課題は達成していましたが，自分たちがやりたい（目標）と感じていたプログラミングなどを達成するには時間が足らず，4時間目に分担して効率的に進めていく姿も見られました。なお，この生徒は，残り時間を考えてイルミネーションに音楽をプログラミングすることは断念しています。「目標を断念した」こと自体は残念な結果ですが，残り時間に照らし合わせながら自分たちができることはどこまでなのかということを考え，学習活動を実行することができていたことは，生徒の自己調整の力が高まった姿であると感じました。

援助要請　□学習がうまく進まなかったり，時間が足りなかったりした際に他者に相談していたか

本実践では，基本的なオームの法則を活　　用したLEDイルミネーションの制作方法の

みを生徒に伝えることにしました。また，制作時に何か問題が発生した際は，班のメンバーと協力したり，積極的に他の班の人に聞いたりすることができるような教室環境を整えました（図5）。さらに，生徒が技

図5　授業の様子

術的な面においての援助を必要に応じて要請することができるように，近隣の大学の学生にも協力を依頼し，専門的な支援を受けることができるようにしました。このような環境を構築することにより，生徒たちは電気回路の接続が分からなかったときに，そのことを理解している友達に聞いて教えてもらったり，学生に手伝ってもらったりするなど，分からないこと・できないことを積極的に共有し，解決していました。

授業後の振り返りには，「計算したりするのは難しいけどできる子に聞いてやった（図6）」や「『なんやこれ』とか『もう分から

ミトナリエ制作・振り返りカード

理解度
A,B,Cで自己評価

イルミネーションづくりに
真剣に取り組めた！　　　　A

イルミネーションづくり
にチームで協力して取り組
めた！　　　　　　　　　A

イルミネーションづくりを
通して、オームの法則をは
じめとする電気分野の法則
を使いこなせるようになる　B

12 月　5 日

図6　生徒の振り返り

ん！』ってやけくそになったりしたけど，先生（大学生）に聞いたり，ほかの班の子に『これどうやってやったん？』とかいろいろ質問して，だんだん理解できるようになったことがすごくうれしかった」「製作が始まって初めはさっぱり分からなくて挫けそうになったけど，リーダーが挫けたら良いものが作れなくなるなと思い，先生に聞いたりほかのリーダーや班の仲間に聞いたりしたらだんだん分かるようになっていきました」などの記述が見られました。

生徒が難しさを感じている際に，援助要請をできる環境を構築したことが，生徒主体の学びに繋がったのだと思います。

▶実践のポイント◀

自己調整の要素

動機づけ

学習方略　　メタ認知

本実践では，技術・家庭科，美術科，理科，総合的な学習の時間といった教科横断的な学びを，学習進度表，スケジュール表で可視化し，生徒が学習を調整することができるように工夫しています。このように学習の進捗状況が可視化されたことで，生徒は，他の班の状況を意識したり，今後の作業量と残り時間を確認したりしながら，計画を修正していました。

また，生徒の振り返りには，それぞれの班の進度を把握することができたことから，他の生徒や支援に来てくれた大学生に助言や援助を求めやすくなったと記されています。生徒たちが課題の解決や目標の達成のために動機づけを高め，自らの作業の進捗をメタ認知したからこそ，このように他者に援助を要請する姿に至ったのだと思います。

10 生徒主体の実験と実験結果の発表を通した酸・アルカリの学習

東大阪市立弥刀中学校●飯田広史

本実践は,「単元最後に学習内容をまとめ発表する」という課題を設定して実施した授業実践である。本実践の特徴は,課題マップで生徒が学習の見通しを明確にするとともに,学習したことをマップに記述していくことで,単元の学習が計画通り進んでいるのかを確認したことと,生徒が,実験に取り組んだり実験結果をもとに考察したりする際に,それらの活動の時間配分を決め学習を調整したことである。「学習内容をまとめ発表する」という課題を設定することで,生徒が単元マップを課題解決に活かしながら,学習活動の時間配分を確認して,自らの学習を調整しようとする姿に繋がった。

中学校 3 年生　理科▶酸・アルカリの中和と塩

◆自己調整学習チェックリストの項目

実行確認　□課題・目標を確認していたか　□方法・方略を確認していたか
自己指導　□学習の進捗について確認したことや,学習中に大切だと思ったことを記録していたか
環境構成　□学習しやすい環境をつくりだそうとしていたか
自己記録　□学習の進捗について確認したことや,学習中に大切だと思ったことを記録していたか

〈本実践の特徴と概要〉

　本実践は,酸・アルカリの中和を学習する単元の実践です。化学分野になるため,実験が多く,酸・アルカリの性質を各試薬で調べ共通の性質を見つけたり,酸・アルカリの正体となるイオンを突き止めたりする実験を行いました（図1上段）。

　本実践では,単元の初めに,生徒

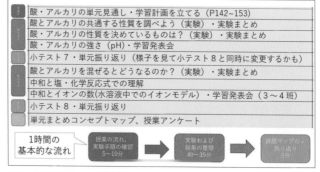

図1　単元計画と1時間の流れ

が学習全体の見通しをもつことができるように単元の課題である「単元の最後に学習内容をまとめ発表する」ことを伝えました。1時間1時間の授業は，班ごとに実験に取り組み，実験結果を協働で整理するようにしました。そして，整理した結果を生徒が個人でまとめ，ペア発表するという流れを基本として単元を進めていきました（図1下段）。

自己指導　□学習の進捗について確認したことや，学習中に大切だと思ったことを記録していたか

　生徒が課題・目標の確認することができるように，単元全体の学習を計画し，実行していく「学習計画シート」（後述）と，「課題マップ」（図2）を活用しました。
　「課題マップ」には，あらかじめ単元の学習で学んでほしいことを，課題間の関係性を示しておき，それをもとに生徒が見出した問いを加筆していきました。
　図2の課題マップでは，生徒が「中和と塩」の単元において，「中和と化学反応式」「中和反応と熱」「中和反応とイオンの数」など，課題がどのように派生していくのかを表現しています。生徒は授業中に自らが立てた学習計画をもとに学習を進めました。課題

マップは，生徒が学習計画を基に学習を実行している際に，その活動が課題・目標からズレていないのかを確認するために記述させました。課題マップに示された，課題が解決すれば，マップに随時チェックを入れ，自分の課題が解決したことを可視化し，自らの現在地を確認しました。さらに課題について自らが理解したことをマップに追記することで，学習の進捗状況を確認するだけではなく，知識を深めることにも繋がりました。図3は，生徒が課題をチェックするとともに，実験結果を追記したり，提示された資料を入れたりして，理解を深めようとしていた課題マップの一部です。

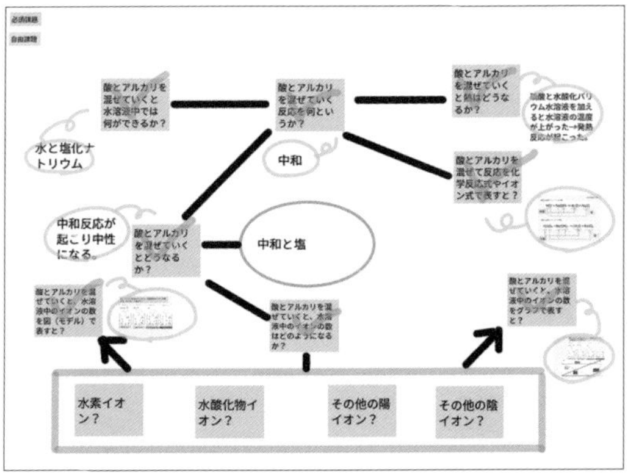

図2　課題マップ

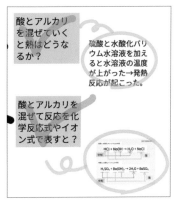

図3　達成した課題の✓と追記

実行確認　□方法・方略を確認していたか

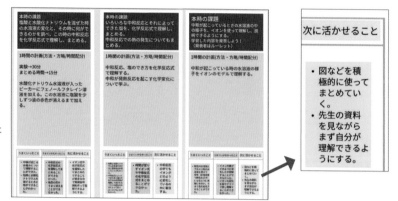

図4　生徒が記入した学習計画シート

　本実践では，単元の初めに，生徒たちに本単元の課題を伝えています。生徒たちが課題を解決していく授業では，自ら実験を計画し，実験中の時間配分を考えて学習を進めていくようにしました。生徒には，学習計画シート（図4）を配付し、毎時間の授業で、学習の進捗を確認する時間を設定し，その時間を使って学習方法が適切であるのかを確認しながら学ぶことができるようにしました（図5）。

図5　学習計画シートに記入している様子

　本単元では，単元中に3度，実験を行う必要があったため，「実験方法と実験結果のまとめ方」そして「実験時，実験後の分析・考察の時間配分」が適切であったかを確認

する時間も設定しました。このような時間を設定することにより、授業中に感じた成果や課題を次の学習活動や授業に，どのように活かしていくのかを考える姿に繋がりました。

　具体的には「図を積極的に使って考えを整理し，まとめる」「実験結果を基に，考察した上で資料にまとめる」といったことを意識し，学習方法が適切であるかを確認しながら学びを進めている姿が見られました。

　また、単元テストの実施後には、課題マップ（図2）の全体を再度見渡し，図6のシートでテスト後の単元を振り返りました。図6の左側は、単元テストの結果を自分自身で分析し、なぜ間違えたのかを考え、間違

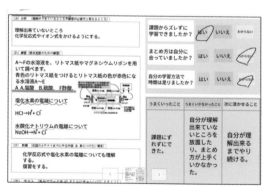

図6　単元テスト後の振り返り

えた問題を修正して知識を定着することができるように工夫しました。また、右側は，単元全体の授業を思い出して、課題からズレずに取り組むことができたのか、まとめる方法や時間管理は適切だったのかを振り返ることができるように工夫しました。さらに、単元全体を通してうまくいったこと、うまくいかなかったことを整理し、次の単元に活かせることも考えられるようにしました（図6右下）。

このようなシートを活用することで単元全体を振り返り，明らかになった成果や課題を次の単元につなげようとする姿が見られました。

自己記録　□学習の進捗について確認したことや, 学習中に大切だと思ったことを記録していたか

本実践では，実験記録を班で共同編集をしながら作成していきました。そして，単元の最後には実験記録に整理された情報を基に，個人で学習したことをまとめました。本実践では，単元終了時に実験記録を基に学習内容をまとめ発表することを伝えていましたので，そのことを見据えてそれぞれの生徒が，発表する際に必要であると考えられる気付きや，実験結果を主体的に記録する姿が見られました。また，本単元ではイオンが関連することもあり，イメージ化が非常に重要な単元であったため，実験で起こった現象を図や表，数式に置き換えて記録する生徒もみられました。

図7は，実験を進めながら気付きや結果を記録したものです。ここではロイロノート上の白いカードに生徒が必要だと感じたことを記録として残すように指導しました。そして，整理された記録を基に個人が発表資料としてまとめたカードが図8です。実

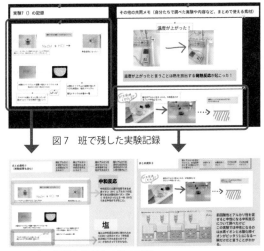

図7　班で残した実験記録

図8　班の記録から個人の発表資料へ

験中に記録した気付きや結果を，生徒が自らの発表資料に引用し，まとめたことが分かります。

このように，記録場所を指定することで，自分にとって必要な情報を取捨選択しながら発表資料をまとめる姿につながりました。

環境構成　□学習しやすい環境をつくりだそうとしていたか

本実践の「酸・アルカリ」について学ぶ単元が終了した段階で，教科内容の定着を図るために，個人でコンセプトマップを作成しました。

コンセプトマップは，自分の知識を確認し，整理することを目標として作成しました。これまでの授業でコンセプトマップに整理する活動が，他の生徒と交流を促し，知識を定着することにつながったため，単元が終わるごとにコンセプトマップを作成していました。生徒は，これまで学習した部分の教科書を見ながらホワイトボードに理解すべきことを書き出したり，タブレットPCで共同編集をしながら話し合ったりと，様々な方法でコンセプトマップを作成していました。

本実践では，このような経験を土台に，「自らがもっともコンセプトマップを作成しやすい環境を選択」できるようにしました。生徒が環境を選択することができるようにしたことで「1人で黙々と教科書を読み，書き出していく学習環境を選択する生徒」

図9　学習する環境を選んでいる様子

や，「友達と協力してホワイトボードで知識を広げてからコンセプトマップを作成する生徒」，「タブレットPCを活用し，共同編集をしてマップ作り上げていく生徒」など,「誰と学ぶか？」「何で学ぶか？」を選択し，自らが最も学習しやすい環境を選択して学ぶ姿が見られました（図9）。そして，このように環境を自ら構成して学ぶことで，生徒一人一人が自らの課題を基に，今の自分に必要な学習を選んで学ぶ姿に繋がりました。

実践のポイント

自己調整の要素

動機づけ

学習方略　　メタ認知

本実践では，生徒が単元のはじめに作成した「課題マップ」にチェックを入れたり，課題を追記したりすることを通して，学んだことをまとめ，マップに追記したりすることを通して，学習を確認しています。このように設定した課題を俯瞰し，解決した課題に生徒自身がチェックを入れていくことで，単元の学習がどの程度進んだのかということをメタ認知することができます。

また，単元の学習計画シートを配付し，生徒が毎時間の学習を振り返ったり，それらの振り返りと課題マップを関連付けて見直し，単元の振り返りを記述したり，学習内容のまとめやコンセプトマップを作成したりするといった自らの学習をメタ認知することにつながる活動を何度も行っています。このように学習を振り返る機会が多く設定されることで，生徒はこれまでの学習を何度も思い出し，学習内容を確実に理解していったのではないかと思います。

［振り返る］

Self-Regulated Learning

◉ 評 価

自己評価
- □ うまくいったことが何かを考えていたか
- □ うまくいかなかったことが何かを考えていたか

◉ 帰 属

原因帰属
- □ 評価結果の理由を考えていたか

自己満足
- □ 自らの学習結果に納得した上で，その後の学習に活かせそうなことについて考えていたか

◉ 適 用

適用
- □ 次の学習にどう活かすかを考えていたか

学校と家庭で学びを深める!

鹿児島大学教育学部附属小学校●三宅倖平

児童が学びを深めていくために，振り返りの充実を図ることは非常に大切である。しかし，限られた授業時間では，振り返りを充実させることが難しい場合もある。そこで本節では，体育科での学習を例に「振り返りを充実させるための工夫」について紹介する。

小学校3年生 体育▶パスで突破するフロアーフット※

◆自己調整学習チェックリストの項目

自己評価　□うまくいったことが何かを考えていたか
　　　　　□うまくいかなかったことが何かを考えていたか
自己満足　□自らの学習結果に納得した上で，その後の学習に活かせそうなことについて考えていたか
適用　　　□次にどう活かすかを考えていたか

〈 本実践の特徴と概要 〉

　本実践は，GIGAスクール構想によって整備された一人一台端末を活用し，振り返りを各家庭で行います。

　本書をお読みの先生方の中には，45分間という限られた授業時間では，振り返りに十分な時間を確保できずに思うような振り返りができないと悩んでいる方がいらっしゃるのではないでしょうか。本実践が先生方の悩みを全て解決するわけではありませんが，一人一台端末を活用することで，時間や場所にとらわれない新しい学び方を考えやすくなったり，自己調整学習の可能性を広げたりすることにつながると考えて

います。

　しかし，単に家庭学習を活用し，振り返りの時間を確保すればよいというわけではありません。次の学習に活かすことができる望ましい振り返りを実現するためには，「振り返る内容」を児童が理解していることとそれらを振り返るために「必要な情報」を児童がもっていることが重要になると考えます。そこで，図1のような「振り返る

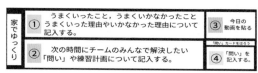

図1　振り返りワークシート

※ パスで突破するフロアーフットとは，クッション性のパックを使用した体育館で行うミニサッカーです。攻撃側は，ラダーコート状の守備ゾーンをパスで突破していきます。最後は，ゴールエリア内に走り込んだ児童が，味方からのパスを止めることができたら得点です。ボールを持たない動きを身につけさせるのにとても有効なゲームです。

内容」と「振り返るために必要な情報」を整理した「振り返りワークシート」を作成し，単元をとおして使用しました。このワークシートの①の部分には，本時で上手くいったことや上手くいかなかったこと，そして，それらの要因について考え，記入します。②には①を踏まえ，次の時間に解決したい「問い」やその「問い」を解決するための学習計画を自分なりに考え，記入します。次の授業の導入では，これらを仲間と共有し，チームのめあてと学習計画をたて，協力しながら学習に取り組んでいきます。③には，授業中に撮影しておいた自分たちの動画を貼り付けるようにし，自分たちの動きを確認しながら振り返りができるようにしました。④には，自分なりの「問い」を記入するようにしました。この自分なりの「問い」とは，単元の最初に書き出した「問い」で図2のようにピラミッドチャートに順序付けしたものです。順序付けを行う際は，解決できそうな順に「問い」を順序付けしていきました。これは，実現可能性の高い「問い」から取り組んでいくことで，児童が成

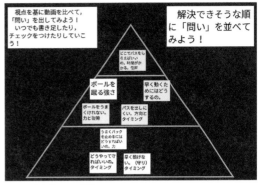

図2　自分なりの「問い」

功体験を積み上げ，運動に取り組む意欲を持続させるためです。また，この「問い」は，毎時間のめあてを立てたり，学習計画を立てたりする際に活用しました。そして，学習をとおして解決することができた「問い」には随時チェックを入れたり，新たに出てきた「問い」は，その都度，ピラミッドチャートに書き足したりしていくようにしました。

　このワークシートを活用した実際の児童の様子については，振り返るフェーズの「自己評価」「原因帰属」「適用」の3つのプロセスに添って述べていきます。

自己評価　□うまくいったことが何かを考えていたか
　　　　　□うまくいかなかったことが何かを考えていたか

　上手くいったことと上手くいかなかったことについて考えていく評価プロセスでは，「本時の自分たちの目標」と「動きを撮影した動画」を比較しながら，目標が達成できたのかについて評価していくことが適切な自己評価につながると考えます。

　体育科の学習では，これまでもチームの仲間と一緒に動画を見ながら振り返りを行うことがありましたが，一人一人が見たい部分で動画を止めたり，巻き戻したりすることは十分にできませんでした。しかし，各家庭で振り返りを行うことで，動画を見る時間を確保できるだけではなく，動画の見方も一人一人の課題に応じて調整しやすくなります。つまり，気になる部分を納得いくまで何度も見たり，スローでじっくり見たりしやすくなりなるのです。

　児童の中には，図3のように，動画を止

図3　動きを評価するために矢印や印を付けた動画

め，それに矢印や言葉を書き込みながら自分たちの動きを捉えている児童がいました。このように，多くの児童は，各家庭で自分たちの動きを目標と比較しながら分析することで，適切に自己評価を行うことができていました。

自己満足　□自らの学習結果に納得した上で，その後の学習に活かせそうなことについて考えていたか

　自己評価の理由とこれからの学習の展開について考えていく帰属プロセスでは，自己評価で明らかにした「上手くいったことや上手くいかなかったこと」と「本時の学習計画」を関係付けながら学習活動を評価し，「上手くいったことや上手くいかなかったことの要因」について考えていくことが適切な原因帰属につながると考えます。

　本実践は図4に示すとおり，全8時間で実施し，4時間目から7時間目にそれぞれが立てた学習計画を基に学習を行いました。そのため，上記の「本時の学習計画」とは，単元の4時間目から7時間目の学習計画のことを指します。児童は，4時間目から7

単元の目標
チームで協力しながらパスをつないでたくさん得点をとれるようになろう！

みんなで	1時間目　試しのゲームをして，「問い」を出したり，ルールを確認したりしよう！
	2時間目　みんなの「問い」からめあてを決めよう！
	3時間目　みんなの「問い」からめあてを決めよう！
チームや個人で	4時間目　チームごとの「問い」からチームでめあてを決めよう！
	5時間目　チームごとの「問い」からチームでめあてを決めよう！
	6時間目　チームごとの「問い」からチームでめあてを決めよう！
	7時間目　チームごとの「問い」からチームでめあてを決めよう！
	8時間目　フロアーフット大会をしよう！

図4　単元全体の学習計画

時間目に図5のワークシートを使用しました。このワークシートには，どのような学習活動をどのくらい行ったのかが分かるように学習計画を記入する欄を作りました。なぜなら，このような欄を設けることで，授業で何をどのくらい行うのか明確になり，学習計画を実行しやすくなったり，各家庭で振り返りを行う際は，上手くいったことや上手くいかなかったことの要因を見つけやすくなったりすると考えたからです。

　実際に多くの児童は，図5の学習計画欄を基に「キックが完璧にできなかったのは，一回ずつ動画で確認していて練習の時間が短くなったからだ」などと上手くいかなかったことの要因を学習計画から発見していきました。一方，上手くいったことの要因として「粘り強く取り組んだから」や「諦めなかったから」など学習に取り組む態度を要因として挙げる児童も多くいました。その際は，学習に取り組んだことを価値付けながらも，学習計画のよさに着目できるような声かけを行うようにしました。

　上手くいったことと上手くいかなかったこと，そして，それらの要因を明らかにし

た後は，これらを基に次の学習をどのように展開していくのかを考えていきます。この次の学習を考えていく際には，特に教師の働きかけが重要になると考えています。なぜなら，教師の私自身も次の授業の展開を考えていくときによく頭を悩ませることがあるからです。まずは一人で考えますが，それでもいい考えや改善策が思いつかない時には，専門書を読んだり，同僚に相談したりします。そこで本実践でも，児童が専門書のように参考にできるものを示したり，仲間にいつでも相談したりできる環境を構築することが必要だと考えました。

　具体的には，児童が専門書のように参考にできるものとして，図5の学習計画欄の横に図6のような「課題に応じた練習方法」を動画や写真で例示したり，「体育館で使用できる物品」を写真で例示したりするようにしました。こうすることでそれぞれの課題に応じた適切な練習方法の見当を付けやすくなり，児童自身で次の時間の学習計画

25分間	練習方法を動画や写真で例示 使える道具を写真で例示	1つめの学習活動を記入する。	◯分
		2つめの学習活動を記入する。	◯分
		3つめの学習活動を記入する。	◯分

図5　4時間目から7時間目で使用した学習計画を記入するワークシート

を立てやすくなると考えました。さらに，仲間にいつでも相談できる環境を構築するために，チャットを活用することにしました。チャットを活用するにあたり，児童とルールを決めました。そして，夜遅くまでチャットをしないことと次の時間の学習計画や作戦を考えたり，チームで共有したりする際に使用することを共通理解しました。

　実際に児童は，図6の動画や写真で示された練習方法を取り入れて学習計画を立てたり，図7のようにチャットを活用したりしながら仲間と相談し，次の授業の学習計画を共有していました。また，各家庭でじっくりと学習計画を立てられるよさを生かし，ネットを検索し，見つけた練習方法を学習計画に取り入れる児童の姿も見られました。しかし，チャットだけでは学習計画や作戦を十分に共有しきれなかったり，時間が合わずに作戦会議ができなかったりする児童もいました。この際は，休み時間を活用しながら学校でも作戦会議を行い，次の学習までに学習計画や作戦を共有する姿が見られました。このように授業前に次の学習のめあてや学習計画を共有しておくことは，運動時間の確保にも繋がりました。

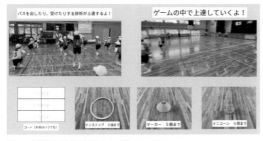

図6　練習方法や使用できる物品の例示

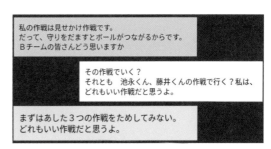

図7　チャットで学習計画を共有する様子

115

適用　□次の学習にどう活かすかを考えていたか

今後の学習について考えていく適用プロセスでは，原因帰属で明らかにした「上手くいったことやいかなかったことの要因」と「これからの学習」を関係付けることで，今後の学習で活かしていくことが明確になると考えます。児童は，単元をとおして活用した図1の①を見返しながら「どの単元で」「何が」生かせるのか考えていきます。この時に，教科書がある教科は，教科書の目次を参考にすれば，本単元での学びを生かせる単元がある程度予想できると思います。しかし，体育には教科書がありません。そのため，児童には表1のような単元名と学習内容が書かれた年間学習計画を配付しました。その結果，児童は，今後取り組む学習が把握でき，本単元の学習が活かせそうな単元を自分なりに見つけていくことができました。

■表1　第3学年体育科年間学習計画表の一部

月	時間	単元名	内容
1	8	ルールを工夫したキックベースボール	キックベースボールは野球に似た運動です。ボールをけったり，ボールを素早く投げたりして，チームで得点を競い合います。
2	11	ひざ掛け振り上がりを中心とした鉄棒運動	片ひざを鉄棒にかけた状態でスタートします。振り足を伸ばして前後に振り，鉄棒の上に上がります。
3	7	ランとパスで突破するタグラグビー	ランと横パスで相手を突破します。守備は、タックルでなく攻撃側のタグをとって守備をします。

···▶実践のポイント◀···

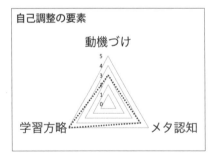

自己調整の要素

動機づけ

学習方略　　メタ認知

本稿では，「振り返りを実現するためには，『振り返る内容』を児童が理解していることとそれらを振り返るために『必要な情報』を児童がもっていることが重要になる」と示されています。

本実践では，このような考え方を基に，体育の授業において，児童が自らのゲームを録画し，その動画を詳細に分析することで，自らのチームの課題を見つけ出し，次の授業に活かしています。このように詳細に学習を振り返るには，授業終了間際の5~10分の時間では十分に振り返ることができません。そこで，本実践では，タブレットPCを家庭に持ち帰り，家庭学習の一環として，体育科の学習の振り返りを行ったのです。このように学校での授業を家庭で振り返ったり，次の授業に向けて家庭で予習をしたりすることは，学習の連続性を生み出したり，学習者が主体的に学習を調整したりする上で非常に効果的であると考えます。さらに本実践では，タブレットPCの特性を活かし，家庭でも児童同士がChatで考えを交流しながら，次の時間の練習方法や作戦を考えています。

このように自らを振り返り，今後に活かすことを考える姿こそ，主体的に学習を調整する姿であると考えます。

[振り返る]

02 ルーブリックを活用する学習計画

八尾市立安中小学校●大前俊彦

勤務校では,「学習計画」を活用した単元縦断型学習を全学年で実践している。
今回取り上げる4年生での実践では,児童一人一人の振り返りの充実を図るためにルーブリックを「学習計画」に取り入れた。授業の様々な場面で児童がルーブリックを参照することを通して,学習の調整や自己評価,次の学習のめあて等につなげる。

振り返る

小学校 **4**年生　**国語**▶**調べて話そう，生活調査隊**（光村図書）

◆**自己調整学習チェックリストの項目**

自己評価　□うまくいったことが何かを考えていたか
　　　　　□うまくいかなかったことが何かを考えていたか
原因帰属　□評価結果の理由を考えていたか
自己満足　□自らの学習結果に納得した上で，その後の学習に活かせそうなことについて考えていたか
適用　　　□次の学習にどう活かすかを考えていたか

自己評価　**□うまくいったことが何かを考えていたか**

　本実践では,図1の学習計画をグループ（1班3~4人）で1枚の計画表に記述するようにし，タブレットPCの共同編集機能を利用して，児童が協働的に学ぶことができるように工夫しました。個人及びグループ全体での振り返りが充実することをめざし，1時間ごとにルーブリック（評価基準）を作成し,児童に提示しました。そして，単元の初めに，学習計画に示された単元の課題や1時間ごと

の課題，それぞれの時間のルーブリックを

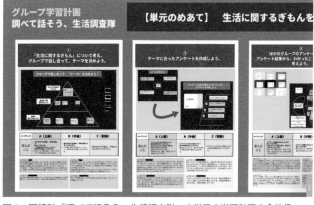

図1　国語科「調べて話そう，生活調査隊」の単元の学習計画の全体像

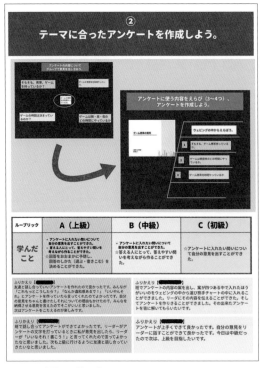

図2 2時間目の計画表

確認し，単元全体の見通しを明確にした上で学習をスタートしました。

図2は，1時間の学習計画の抜粋です。これまで勤務校では，学習計画の項目を「課題」「学習内容」「振り返り」の3つで構成していました。それを踏まえ，本実践では，それらに「ルーブリック」を加え，授業の様々な場面で自らの学習を確認・調節することができるようにしました。

図2（下段）は，その時間に児童が記述した自己評価です。ルーブリック表（図2中段）に示されている内容（A 上級・B 中級・C 初級）から，児童がうまくいったことや工夫（グループ内での声の掛け合いや役割分担）などを振り返りの枠に記述し，ルーブリック表の色（A~C）で自らが学習の評価を示しています。このようにルーブリックを示すことで，児童は学習活動を実行しながら，個人のタイミングでルーブリックを確認し，自らの学習をメタ認知し，必要に応じて活動を調節する姿が見られました。

自己評価　□うまくいかなかったことが何かを考えていたか

この単元は，普段の生活の中で「みんなはどうしているのかな」と思うこと（生活に関する疑問）をグループで調査し，資料を使って発表する単元でした。

図3は，生活に関する疑問を調べるため，

クラスの友達にアンケートを実施した結果を発表資料として活用するためにグラフに整理したものです。図4の振り返りを読むと，「（どのアンケート結果が必要なのか）選ぶことができたけど本当にそのグラフが

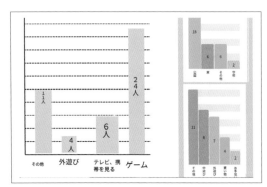

図3 アンケート結果

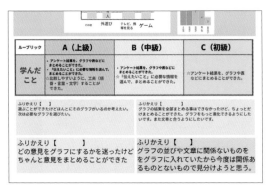

図4 アンケート結果からの児童の振り返り

いるのか考えたい」「文章と合うようにしたい」「（自分たちの主張に対して）関係あるものとないものを見分けようと思う」などの振り返りを記述し，自らの活動を振り返っていました。

このように，示したルーブリックを基に振り返りを記述することで，アンケート項目を再検討したり，グラフの入れ方について考えたり，グラフと文章との関係について確認したりする姿に繋がったように思います。

原因帰属　□評価結果の理由を考えていたか

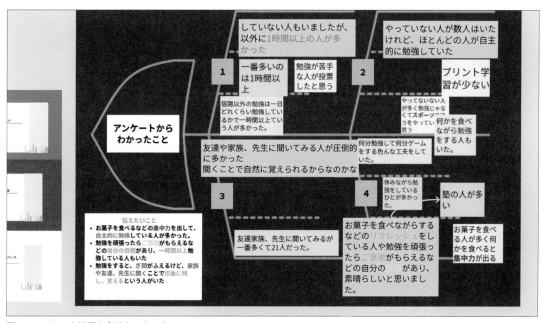

図5　アンケート結果から分かったこと

図5は，「勉強について」というテーマでアンケートを実施したグループのアンケートから分かったこと（結果）です。アンケートでは「宿題以外の勉強は一日どのくらいしているか」「宿題以外の勉強はなにをしているか」「勉強が分からないときどうしているか」「勉強を楽しくするために工夫していることは何か」の4つの質問をし，それらの質問の回答から分かったことを，フィッシュボーンチャートで整理しました。

図6　フィッシュボーンでまとめたことの振り返り

図6のルーブリックには，次の時間以降に作成する発表資料に向けて，グループ全員の意見を反映させることについての評価基準を設定しています。

図7は，フィッシュボーンチャートに整理した事柄から作成した発表資料の読み原稿です。この原稿は（カード）を学習計画の中に記録していきます。原稿を作成する際は，グループで自分が「初め」「中」「終わり」のどこを記述するかを役割分担し，お互いアドバイスをしながら進めていきました。そして，授業後に教師の指示やグループの人のアドバイスをどのように生かしたのかについて振り返りました（図8）。「ちゃんと『はじめ』と『中』がつながっていて良い文章になりました」「まとめるのが苦手で自分ができるところまでやりました。…リーダーがこうしたらいいんじゃないと言ってくれたのでとても心強かったです」「文章のつながりがおかしいから，こうするといいよとアドバイスをして『中』につながる文章になって嬉しかったです」と，自己評価の理由を考えていました。

図9は，（聞き手にうまく情報を伝えるための）4つのポイントを示したルーブリックです。児童は，ルーブリックに示された4つのポイントを確認しながら，作成した資料（発表原稿や提示用グラフ）を活用して練習しました。そして，児童はルーブリックに示された4つのポイントである「声の大きさ」「速さ」「強弱」「間の取り方」についてのうまくいったこと・うまくいかなかったことを挙げ，そのような自己評価になった理由を考えることができました。

図7　役割分担して原稿を作成

ルーブリック	A（上級）	B（中級）	C（初級）
学んだこと	・グループで協力して，発表原こう作りに取り組むことができた。 ・自分が担当しているところ（「初め」「中」「終わり」）の文を作ることができた。 ・グループの人に，アドバイスをしたり，アドバイスされたことを生かして文を作ったりすることができた。	・グループで協力して，発表原こう作りに取り組むことができた。 ☆自分が担当しているところ（「初め」「中」「終わり」）の文を作ることができた。	☆グループで協力して，発表原こう作り に取り組むことができた。

ふりかえり【　】
私は中を担当していました。大前先生に「アンケートの結果や分かったことをかいてね」と言われましたがアンケートの投票数だけかいても面白くないのでその結果から考えたことや予想をかいて面白い中の文章にしました。そうすることで，ちゃんとはじめと中がつながっていていい文章になりました。〇〇さんに文章のつながりがおかしいからこうするといいとアドバイスをして中につながる文章になって嬉しかったです。

ふりかえり【　】
僕はまとめるのが苦手で自分ができるところまでやりました。それでリーダーが「ここをこうしたらいいんじゃない」と言ってくれたのでとてもよかったです。なので次はリーダーにも注意されないようにいい意見を出したいです。
初め，中，終わりで合わせれましたこの調子でこのチームで行きたいです。

ふりかえり【　】
〇初めは，書くことが分からなかったけど大前先生やグループのみんなが教えてくれてわかった。

ふりかえり【　】
はじめの文章を書くときとめて途中までかけました。

図8　原稿を作成後の振り返り

ルーブリック	A（上級）	B（中級）	C（初級）
学んだこと	・発表の練習で，相手を見ることを意識して話すことができた。 ・4つのポイント（「声の大きさ」「速さ」「強弱」「間の取り方」）に気をつけて話すことができた。 ☆4つのポイント以外にも，相手に伝える工夫を見つけることができた。	・発表の練習で，相手を見ることを意識して話すことができた。 ☆4つのポイント（「声の大きさ」「速さ」「強弱」「間の取り方」）に気をつけて話すことができた。	☆発表の練習で，相手を見ることを意識して話すことができた。

ふりかえり【　】
・4つのポイントは書けなかった。
・強弱に気を付けて話すのが難しかった。
・発表は緊張するから，強弱に気を付けて頑張りたいと思います。

ふりかえり【　】
・四つのポイントを考えるのが難しかった。
・何回も修正したらたくさんして，分かりやすい文章にできました。
・間をとる場所を考えるのがかなり難しかったです。
・次は発表のリハーサルなどで緊張するけど，上手く原稿を読んで成功できるようにしたいです。
・皆で協力して原稿を修正していい文にすることができた。
・発表の時は，気持ちに気を付けたいです。

ふりかえり【　】
速さや強弱や声の大きさ，間の取り方など色々なことを注意して色分けすることができてよかったなと思いました。

ふりかえり【　】
僕は5つ目のポイントがわからなかったけどよくかんがえたらわかりました。
でも発表は緊張するし，頑張りたいとおもいます。

図9　4つのポイントから自己評価

自己満足	□自らの学習結果に納得した上で，その後の学習に活かせそうなことについて考えていたか
適用	□次の学習にどう活かすかを考えていたか

図10は，発表に向けてのリハーサルの学習計画です。この時間は，聞き手に分かりやすく伝えることができているかを確認することを目標としました。自らの発表を確認するために，発表を動画撮影し，自己評価しました。自己評価する際，ただ良かったところ見つけるだけでなく，以前のルーブリックに示されていた4つのポイントを確認しながら，うまくいったこと・うまくいかなかったこと確認しました。この時間の児童の振り返りを見ると「聞き手側が楽しんでもらえるように（声を）大きくはっきりだ

して話すことについて見直しました」「（みんなの声を合わせることができるように）1,2というタイミングで発表を始めれば良いんじゃないかという意見を見つけられてよかったです」など，次の学習で活かせることが児童からたくさん挙がりました。

ルーブリック	A（上級）	B（中級）	C（初級）
学んだこと	・本番に向けて、グループでリハーサルができた。（動画さつえい） ・リハーサルから、「どうすればもっと良くなるか」を見つけることができた。 ☆見つけた良くなる点を、工夫することができた。	・本番に向けて、グループでリハーサルができた。（動画さつえい） ☆リハーサルから、「どうすればもっと良くなるか」を見つけることができた。	☆本番に向けて、グループでリハーサルができた。（動画さつえい）

ふりかえり【　　　】 発表をするときに聞き手が楽しんでもらえるように大きくはっきりという工夫を見直しました。今日と明日が待ちに待った発表会、なので今日の反省点を見直して素晴らしい発表会にできるといいなと思います。	ふりかえり【　　　】 みんなのダメなところもうちょっとこうしたらいいなぁというところが見つけられたのでとてもよかったと思いました。「これでわたしたちの発表を終わります」という所で、1,2というタイミングをしたらいいんじゃないという意見を見つけられたのでよかったです。
ふりかえり【　　　】 ○大きな声を出す所やゆっくり言う所が難しくてやりにくかったけど、グループの人がいろいろいってくれた。	ふりかえり【　　　】 声をもうちょっと大きくしゃべっていればよかったと思いました。あと顔をあんまりあげれなかった。

図10　次の学習を視野に入れた評価

⋯▶実践のポイント◀⋯

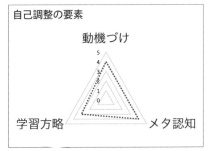

自己調整の要素
動機づけ
学習方略　メタ認知

本実践では，学習計画にルーブリックを提示し，学習目標を明確にしています。ルーブリックを示すことで，児童は学習目標のレベルを選択することができます。授業の初めからA（上級）をねらう児童もいれば，初めはC（初級）を目標とし，もっとできそうならBやAに目標を修正して高いレベルを目指そうとする児童もいます。このように児童が学習目標のレベルを選択することで学習に対する動機づけを高めることにつながるのではないかと考えます。

　また，本実践では，児童がルーブリックを基に学習の成果（うまくいったこと）と課題（うまくいかなかったこと）を明らかにし，そのような評価になった理由を記述するように指導がなされています。そのような評価になった理由や原因を考えることで，なぜうまくいったのか，なぜうまくいかなかったのか分かり，次の学習をどのように進めれば良いのかということが明らかになります。このような振り返りが，次の時間の学習を児童が調整するきっかけになると考えます。

03 次時の学習に生かすToDoリスト

大阪市立今里小学校●斉田俊平

本実践では，Google スプレッドシートを用いてやるべきこと（タスク）をリスト化したToDo リストを導入し，タスク管理を行い，学習の振り返りを次時の学習につなげる学習法を開発した。※ ToDo リストを活用することで，前時の課題を明確に把握することができたとともに，本時の学習内容が明確になり，児童が主体的に学習に取り組むことができた。また，優先度の高いタスクから順に取り組むことで，作業の抜け漏れを防ぎ，効率的に目標を達成する姿が見られた。これらのことから，ToDo リストの活用により，タスクや予定の整理と計画的に実行しようとする行動が促進され，児童の主体的に学習に向かう姿に繋がった。

※ 石川・石田（2022）は，自己調整してうまく学習を進めるには，タスクを把握・可視化し，やり残した課題に取り組むことが有効であることを明らかにした。これを援用し，さらにICTを活用することで，タスク（目標）を視覚化することで，効率的な学習を支援できるのではないかと考えた。今日，児童が一人一台のタブレットPCを持つことでGoogle Workspaceなどを活用し，ブラウザ上で容易にタスク管理ができるようになった。これにより，場所を問わず簡単にタスクの進捗状況を確認できる効果も期待できる。

小学校 4 年生　国語▶みんなで新聞をつくろう

◆自己調整学習チェックリストの項目

自己評価	□うまくいったことが何かを考えていたか
	□うまくいかなかったことが何かを考えていたか
原因帰属	□自己評価の理由を考えていたか
自己満足	□自らの学習結果に納得した上で，その後の学習に活かせそうなことについて考えていたか
適用	□次の学習にどう活かすかを考えていたか

自己評価　□うまくいったことが何かを考えていたか
□うまくいかなかったことが何かを考えていたか

本実践では，4 年生の児童が学校やクラスで起きた出来事を伝えるため，さまざまな出来事を取材し，集めた情報を整理した上で新聞にまとめる学習に取り組みました。

ToDoリスト

✓	日付	うまくいったこと	うまくいったことの理由（どうしてうまくいったのか）	うまくいかなかったこと	うまくいかなか（どうしてうまくいか）
☐	6月20日	計画を立てることができた。他の班の発表を聞いてこまかいところまで作ろうと思った。	他の班の発表を聞くことができたから。	班の話し合いにあまり参加できなかったこと。	自分の班の話しかったから。
☐	6月21日	4コマ漫画の記事を少し書くことができた。新聞名を考えることができた。4年生にインタビューすることができた。新聞の枠を加工して、四コマ漫画のスペースを作った。記事1のフォーマットを消して編集できるようにした。	先生の話をよく聞いていたから。班の友だちと相談していたから。	下書きを全然書けなかった。四コマ漫画のスペースを作っていなかった。「4月」と「6月」の文字が横書きになってしまった。話し合いをしていて、取材の時間があまり取れなかった。	もともと四コマ漫画だから。「4月」と違えたから。班でいたから取材

図1　Google スプレッドシートを用いた振り返り

これらの授業を進めるに当たり，新聞を作成する活動は，児童が主体となって学習を調整することができるように手立てを考えました。その手立ての一つが，1時間1時間の授業の振り返りです。本実践では，授業の振り返りにおいて，Google スプレッドシートを活用して「うまくいったこと」「うまくいったことの理由」「うまくいかなかったこと」「うまくいかなかったことの理由」の4つの視点で振り返りを記入しました（図1）。その後，次時の新聞作成において「改善が必要なポイント」「しなければならない・やってみたいと考えている事項」をToDoリストに列挙しました（図2）。

ToDoリストは，作業のミスや漏れを防ぎ，学習活動を効率的に実行するために役立つツールです。これを活用することで，どの学習活動を優先すべきかが視覚的に明確になり，タスクを迅速的に進めることに役立ちます。また，完了したタスクにチェック

ToDoリス　15/29 完了

✓	日付	次の時間にやること
☑	6月21日	記事の内容を考える。
☐	6月21日	写真を貼る。
☐	6月21日	新聞の枠の整理をする。
☑	6月21日	友だちの文章を編集する。
☐	6月21日	友だちと一緒に先生に取材をする。
☐	6月21日	小見出しを書く。
☐	6月22日	学校行事の写真を貼る
☐		ごみ焼却場の四コマ漫画をかく
☐		新聞の整理を手伝う
☐		大見出しを考える

図2　Google スプレッドシートを用いたToDo リスト

を入れることで，進捗状況を一目で把握でき，残りのタスクに焦点を絞って，集中して取り組むことができるようになるのです。加えて，このように ToDo リストを利用することで，何をすべきかだけでなく，何をしなくてもよいかも明確になり，無駄な作業を削減することに繋がりました。

原因帰属	☐ 自己評価の理由を考えていたか
自己満足	☐ 自らの学習結果に納得した上で，その後の学習に活かせそうなことについて考えていたか

自己評価については，「うまくいったこと」や「うまくいかなかったこと」の2つの側面を具体的に記入しました（図3）。

振り返りの際に，自己評価は極めて重要な役割を果たしました。学習者自身が自分の学習プロセスを評価することで，成長の

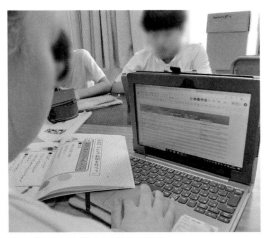
図3　振り返りを記述する児童の様子

視点を確立し，学習意欲を高めることに繋がりました。また，Google スプレッドシートを通じて行動やタスクに関する振り返りを行った際は「なぜうまくいったのか」「なぜうまくいかなかったか」という視点で，特定の結果が生じた理由や原因を明示的に記述することにしました。これは，学習目標の達成度合いを確認し，次時の活動に繋げる上で役立ちました。

本実践では，以上のことから「うまくいったことの理由」「うまくいかなかったことの理由」を詳細に記述するためのシートを作成し，記入するようにしました（図4）。新聞作成の具体的な活動は，新聞の題字から記事の分量，取材方法，作業手順，およびその他必要な要素について，児童自身が計画し実行していきました。各自が作成した記事をグループ全体で確認する過程で，記事の内容が伝わりにくいといった意見が出た場合，その原因や理由について考え，Google スプレッドシートに「うまくいかなかったことの理由」を記入しました。例えば「5W1H を文章に組み込んでいなかったから」「グラフや表を活用していなかったから」など，具体的な理由を挙げ，次時における解決策を導くためのプロセスを通じて，次に取るべき行動が明確化され，ToDo リストのタスク内容がより高次で確かなものへと進化しました。

ToDoリスト				
✓ 目標	うまくいったこと	うまくいったことの理由（どうしてうまくいったのか）	うまくいかなかったこと	うまくいかなかったことの理由（どうしてうまくいかなかったのか）
□				

図4　理由を記入するためのリストの項目

適用　□次の学習にどう活かすかを考えていたか

振り返り活動は，自己調整プロセスにおいて，本時の学習を振り返り，学んだことや達成したこと，課題やその原因を評価し，今後の学習に生かすための重要なプロセスです。本実践では，振り返りのプロセスにおいて，前時の学習の課題を出発点とし，新たな問いを立て，Google スプレッドシートで作成した学習計画表で具体的な目標を設定しました。さらに，成果や課題の原因を明らかにし，ToDo リストを使用することで，次時の目標が明確になり，学習の方向性を確立することに役立ちました（図5）。タスクがリスト化されることで，解決すべき課題が明示され，次時の学習に向けて準備を充実させることができます。また，学習時間外にも学習を意識する機会が増え，学習の一貫性を高める効果も期待できました。これらのことから，本実践が多くの効果をもたらすことが明らかになり，自己調整スキルを向上させることができたと考えます（図6）。

一方で，グループによる新聞制作の活動

図5　ToDo リストを作成する児童の様子

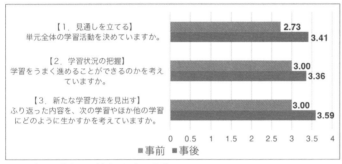

図6　自己調整学習に対する児童の意識

では，各児童が異なる役割を担当し，インタビューする活動やインターネット情報を集める活動，アンケート集計後にグラフを作成する活動などを個別に担当しました。このような分業により，グループ全体の計画に誤差が生じ，作業が滞ったり，情報の整理に時間を費やしたりすることがありました。また，どの学習活動を優先的に行うべきかが明確でない場合，作業効率が低下し，停滞する場合もありました。こうした課題に対処するために，ToDo リストが非常に効果的であると感じました。ToDo リストを作成し，タスクの優先順位を整理し，視覚的に明示することで，児童の作業効率が向上し，主体的に学ぶ姿に繋がっていくと考えます。

〈参考文献〉
・石川奈保子，石田百合子（2022）オンライン授業での大学生の自己調整学習方略使用と学習計画の立て方との関係.日本教育工学会論文誌，46（4）:641-652

振り返る

▶実践のポイント◀

自己調整の要素

動機づけ

学習方略　　メタ認知

　本実践では，児童が学習を振り返り，明らかになった本時の成果や課題を次の時間に繋げていくための方策として Todo リストが活用されています。Todo リストは，仕事や日常生活の中でもよく活用されています。「しなければならないこと」「したいこと」をタスクとして書き上げ，そのタスクが解決すると消していく行為が，仕事や生活の見通しを明確にするのです。

　このように社会・生活の中で広く活用されているものを教育現場で活用することは非常に意味のあることです。この授業を受けた児童は，今後の人生において Todo リストを効果的に活用していくことでしょう。

　本実践では，児童が Todo リストを活用して，本時の学習を次時の学習へ繋げていきました。このような実践を様々な教科・領域で取り組むことが，主体的に学習や生活を調整することができる児童を育成することにつながるのだと思います。

04 「なぜできた?」で振り返りを深める

中富良野町立中富良野小学校●渡邊雄大

振り返りは，自己調整学習においてゴールであり，次のスタート地点になる重要な学習活動である。特に，自己評価した理由を明らかにすることで，振り返ったことが次の学びへ繋がっていく。そこで本節では，児童が「なぜできたのか?」を考え，次に活かす実践について紹介する。

小学校 4 年生
国語▶リーフレットで知らせよう・写真をもとに話そう
社会▶水はどこから

◆自己調整学習チェックリストの項目

自己評価 □うまくいったことが何かを考えていたか
　　　　　□うまくいかなかったことが何かを考えていたか
原因帰属 □評価結果の理由を考えていたか
適用　　 □次の学習にどう活かすかを考えていたか

自己評価 **□うまくいったことが何かを考えていたか**
　　　　 □うまくいかなかったことが何かを考えていたか

　国語科「リーフレットで知らせよう」の学習では，インターネット上でバーチャル工場見学を行い，分かったことをリーフレットにまとめました。1時間の授業の振り返りは，授業の終末の5~7分で行いました。振り返りは，「うまくいったこと」「うまくいかなかったこと」「次の時間にやること」を書くようにしました。授業の導入で，目標を確認しているので「うまくいったこと」

「うまくいかなかったこと」を考える際には，自分が立てた計画に対して振り返ることができました（図1）。
　社会科「水はどこから」の学習では，浄水場，下水処理場の見学を行い，国語科の学習を活かしてリーフレットにまとめました。そして，完成したリーフレットを佐賀県嬉野市の小学校と送り合い，比較することで汚れた水を処理する方法について理解

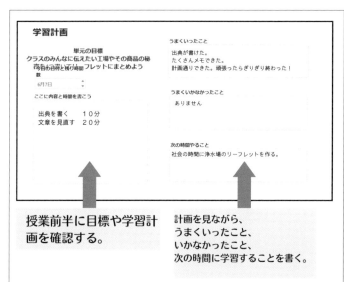

図1　1時間毎の学習計画と振り返り

を深めました。1時間の授業の振り返りは，国語科と同様に「うまくいったこと」「うまくいかなかったこと」「次の時間にやること」で行いました。同じ視点で学習を振り返ることにより，ほとんどの児童が戸惑うことなく書き込むことができました。ある児童は，「リーフレットの構成が決まった。計画通りできた。次の時間は，クイズを作る」というように，学習計画の流れを意識した振り返りをしていました。（図2）。

図2　社会科で使用した学習計画と振り返り

単元の終末では，ClassCloud というアプ

リの「授業マッチング」機能を使い，嬉野市の児童にリーフレットを送り，他校の児童から感想を書いてもらいました。感想を読む際は，自分たちが伝えたい町の水の処理の特徴が伝わっているのかに注目しました。児童は，他者評価を得ることで，目標が達成できたのかを客観的に捉えることができました。さらに単元の目標に迫るために，「中富良野町の水の処理」「嬉野市の水の処理」「共通していること」を，ベン図を使って分析をし，自分が理解したことを言語化していきました（図3）。

中富良野町	共通している点	嬉野市
湧き水を使っている	浄水場があること	浄水場が大きい
浄水場が小さい		活性炭を使っている
塩素をほとんど入れていない		入れる薬品が多い

図3　中富良野，嬉野の違い，共通していること

児童は，自分たちが住む地域と嬉野市を比較することで，自分の町の特徴を捉えていました。自己評価では，「うまくできたこと」「その理由」「方法を言葉にしよう」「うまくいかなかったことは？」「その理由」「上手くいくためにはどうすればよいかな？」の項目を記入しました。特に重視したのは，「うまくできたことの理由」です。学習計画を立てる段階から目標を捉え，その

ために「何を，どうするのか」という方法や方略を明確にしていた児童は，理由を分析的に捉え，書き込むことができていました（図４）。理由には，「計画を立てたから」「他の人のものを見たり，アドバイスをもらったりしたから」などの記述がありました。「うまくいったこと」と「その理由」を自分自身で考え，捉えることがその児童にとっての「成功の法則」になり，他の学習に活かされていくのだと思います。

一方で，うまくいったこと，いかなかったことは，現象として捉えることができるが，その理由を考えることは難しいということが分かりました。実際，振り返りシートにうまく行かなかったことの理由を記入できない児童もいました。

水はどこから振り返りシート

児童の振り返り

うまくできたこと	その理由	方法を言葉にしよう
記事をたくさんかけた。嬉野の子たちにコメントをたくさん送った。	時間内にどうやったら終わるのかを考え、計画をしっかり書いた。	一回書いてみる作戦！

児童の振り返り2

うまくできたこと	その理由	方法を言葉にしよう
人が見たい順番に記事を書いたこと。嬉野市の小学生もよくわかってくれた。	他の人のものを見たり、友達からアドバイスをもらった。	クラスの人にアドバイスをもらう

図４　水はどこから振り返りシート

原因帰属　□評価結果の理由を考えていたか

国語科「写真をもとに話そう」は，１枚の写真から，気付いたことや想像したことを箇条書きでメモし，そのメモを見ながら，伝えたいことを選んで発表するという内容の単元です。本実践では配当時数９時間でメモを取る活動を３回行いました。１回目の発表を終えた後に，クラス全体に「どうやったらたくさんメモが書けたのですか ?」とメモがたくさん書けた理由を聞くと，「写真の中心を見てから，周りを見たから」「周りの物をよく見て，写真の中の季節を考えたから」などの回答がありました。児童の意見を教師がまとめ，写真を見て，気付いたことを書くための方法を「気付きや想像を広げる９つの作戦」と名付けました（図５）。2，３回目の活動では，この中から取り入れたい方法を児童が選び，気付いたことや想像したことをメモし，発表しました。このように，児童がうまく行ったことの理由を考え，その事柄をその後の授業展開に取り入れたことで，ほとんどの児童が写真を基に多くのメモを書くことができるようになりました。このことから原因帰属したことを次の授業に活かす（適用する）ことが，児童の動機づけを高めることに繋がると考えられます。

1 とにかく何か書く。
2 細かく部分をみる。
3 写真の周りを想像する。
4 3分くらいじっとみる。
5 想像を広げる。
6 背景に注目する。
7 写真の一番伝えたいことを考える。
8 気づきを沢山書いてから想像する。
9 いつどこで誰が何をどうしたを考える。

図５　児童が考えた気付きや想像を広げる「９つの作戦」

このように自己評価の理由を考える学習を取り入れながら学びを進めた上で単元の終末には，「学習振り返りリスト例」（木

村 2023）を参考にして，「ヒーローインタビュー」「モヤモヤ病院」というワークシートを作成し，児童がセルフトークをしながら，理由を深掘りしていけるようにしました（図6・7）。

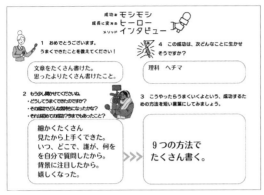

図6　ヒーローインタビュー

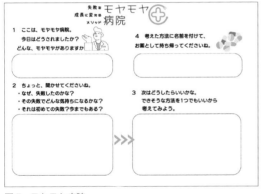

図7　モヤモヤ病院

　「ヒーローインタビュー」が学習の成果について振り返るシート，「モヤモヤ病院」が課題について振り返るシートです。授業の終末に児童がどちらかのシートを選択して記述します。両方のシートを使用する児童もいます。これらのシートを児童が記述する際は，以下の手順で指導しました。

1　うまくいったこと，いかなかったことを書く。（自己評価）
2　その時の様子や感情，どうしてうまくいったのか考えを書く。（原因帰属）
3　うまくいった理由を端的な言葉にする。（原因帰属）
4　次の学習で活かせるように短い合言葉にまとめる。（適用）

　このワークシートは，架空のインタビューアーや医者から質問され，答える形式になっているので，児童はその世界観を楽しみながら，理由を深掘りしていく様子が見られました。

　児童の「なぜうまくできたのか？」には，以下のような記述がありました。「そこに写ってないものを想像して描いたから」「中心とか背景を細かくチェックして描いたから」「いつ，どこで，誰が，何をした，を意識して描いたから」これらの振り返りは，「9つの作戦」を意識しており，目標を達成するための方法・方略を明確にすることは，原因帰属の質を高めるために必要な手立てだと感じました。

適用 □次の学習にどう活かすかを考えていたか

　単元末には，身につけた力をどのような場面で活用できそうかを，他教科の教科書を見ながら児童と共に考えました。この際も，「気付きや感想を書くための方法」を提示し，学習活動を通して身につけた力を児童が捉えながら，今後の学習で適用させる場面を考えることができました。

　児童からは，理科のヘチマや植物，昆虫の観察，社会の資料を見て考える場面で活かせるという意見が出ました（図8）。実際に，ヘチマや植物の観察で，国語科の本単元の振り返りや「9つの作戦」を読ませるなど，これまでの学習経験を想起させる手立てを行う予定です。

〈参考文献〉
・木村明憲（2022）主体性を育む学びの型
・木村明憲（2023）自己調整学習
使用アプリ ClassCloud 株式会社Mikulak

図8　学習経験を適用させている様子

▶実践のポイント◀

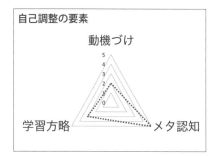

自己調整の要素

動機づけ

5
4
3
2
1
0

学習方略　　　　　メタ認知

　本実践では，授業の振り返りを，まず「うまくいったこと」「うまくいかなかったこと」の視点で自己評価しています。このような視点で自己評価することにより，その授業における成果と課題が明らかになります。そして，「なぜそのような成果が得られたのか」「なぜそのような課題が生まれたのか」という視点で考えることにより，自らの学習結果についてさらに深く考える事ができます。本実践では，学習結果の原因を考える際（原因帰属）に，「モヤモヤ病院」「ヒーローインタビュー」というワークシートを作成し，児童が自分自身に問いかける「セルフトーク」の手法が上手く用いられています。このように，第三者から問われるという環境を意図的に用いることで，児童は，自らの学習結果の理由を楽しみながら深く考えることができます。この手法は特に低学年の児童に有効です。自らに問いかけるということが，自らの学習に対する深いメタ認知につながることでしょう。

05 学習方略を認識する振り返り

鹿児島市立小山田小学校●山口小百合

自己調整学習ができるようになるためには，学習に対する動機づけを高め，学習方略を習得する必要がある。そして，自らの学習をメタ認知することが重要である。本実践では，毎時間の振り返りを繰り返す中で，児童が自分の学習過程を見つめながら思考スキルや算数科における表現様式を認識し，意識して活用するようになった姿を紹介する。

小学校 5 年生　算数 ▶ 比例

◆自己調整学習チェックリストの項目

自己評価　□うまくいったことが何かを考えていたか
　　　　　□うまくいかなかったことが何かを考えていたか
原因帰属　□評価結果の理由を考えていたか
自己満足　□自らの学習結果に納得した上で，その後の学習に活かせそうなことについて考えていたか
適用　　　□次の学習にどう活かすかを考えていたか

自己評価　□うまくいったことが何かを考えていたか　□うまくいかなかったことが何かを考えていたか

　本実践は，第 5 学年「比例」で，単元に入る前にまず，既習の「伴って変わる量」の復習テストを行いました。その結果について教師がシンキングルーチンの「赤信号・黄信号（図 1）」を提示し，児童は自らの学習を教師と一緒に分析しました。これにより児童は，自分自身の学習内容に対する理解度や得意・苦手，学習の仕方（学習方略）

などを見つめることができました。

　このように「うまくいったこと」「うまくいかなかったこと」を考えるのは，次の学習の「見通す」フェーズでの目標の設定や計画の立案につなげるためです。

　児童は学習の振り返りを通して，「伴って変わる量」の表に入れる数値を見つけるのは，「表から式をつくるのが苦手だ」とか，「式

131

赤信号	黄信号	青信号
うまくいかなかったことは？		うまくいった ことは？
・表で読み取ったことから式をつくるのが苦手 ・数が大きくなった場合に表に入る数がわからない。	・つくった式が正解であっても，式の意味はよくわかっていない。 ・表を自分でかいて考えることがあまりない。	・表の中に入る数を見つけられた。 ・一方が変わると，もう一方も変わるということは覚えている。

図1　シンキングルーチンの「赤信号・黄信号」

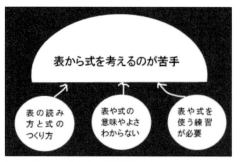

図2　うまくいかなかった原因を考える

の意味の理解が不十分だ」などと自覚できたことが図1の記述から分かります。

このことは，表の上段と下段の数の法則性に気付いて機械的に数値を入れるのではなく，伴って変わる2量についての「関数的な見方」や，「表と式の関連付けの必要性」などに，振り返りを通して気付くことができたということを示しているのではないかと考えます。

このような児童の姿から，「赤信号・黄信号」のルーチンを活用して学習を振り返ることが，自らの学習をメタ認知する上で効果的な学習方略であったと考えます。

次に，図1に記述された自己評価の結果から，なぜそのような学習結果になったのかについて，理由や原因を考えて，次の学習に結び付けるために，クラゲチャートを活用しました。児童が，自己調整学習に慣れていない段階であったため，うまくいったこととうまくいかなかったことの一つ一つについて，教師が板書しながら，そのような評価になった原因を児童と一緒に考えていきました（図2）。

これにより児童は，表の読み方や式のつくり方，表や式の意味や良さについて考える必要があることに気付きました。また，表や式を使いこなすには，練習が必要であると感じ，次時の学習に対する動機づけが高まりました。

これらの気付きや必要性を基に，教師と一緒に話し合いながら，次のような学習計画を立てました（表1）。

■表1　学習計画と育てたい学習方略（思考スキル，算数の表現様式）

	1	2	3	4	5	6
学習計画	伴って変わる数量を見つける（実験して調べる）	2量の数量関係について表にまとめる方法と手順	表の見方・読み方 2量の関係を式に表す 意味や良さを考える	比例の特徴 比例の関係でない事象	グラフに表す方法と手順 グラフの特徴	身の回りの事象から表・グラフ・式を活用して関数関係を見出す
育てたい学習方略	複数の事象の共通点を一般化→概念形成	表 他の場合でも言えるか	置き換え 式 関数の見方・考え方	逆思考 仮定 比較 類推	表現様式 グラフ 表や式との関係付け	比較 表現様式を選ぶ 関係付け 適用

児童が，学習を振り返る際に，自己評価の理由を考えるのは難しいようです。そこで，表1では，すべての児童が自己評価の理由を方法や方略の面から考えることができるための支援として，1時間1時間の学習計画とともに，学習方略を明らかにしました。学習方略を児童の言葉で「考える技」と定義づけて，児童がそれらの方略を認知することができるように具体化した「考える技」カード（図3）を配付しました。

表1に挙げた算数科における学習方略を習得するためには，児童自身がこれらの技を意識して学ぶことが大切です。

そこで，授業の中で学び方や考え方を工夫している姿を学級全体の場で取り上げて価値付けたり，必要な場面で「考える技」カードを確認させたりして，学習方略を身につけることの有用性を理解できるよう助言しました。

また，毎時間の振り返りの度に，学習内容や方法・方略を含めた学習結果について「なぜうまくいったか」「なぜうまくいかなかったのか」を考えるようにしました。うまくいったことについては，「考える技」カードと照らし合わせて，方法・方略面に着目して学ぶ習慣を意識付けていきました。

毎時間の振り返りで学習方略の価値付けを繰り返すと，児童は，次第に習得した方略を活用して学習活動を実行するようになり，解決に向けて方略の有用性を実感しながら使いこなすようになっていきました。

振り返る際に，

振り返る

図3　児童用「考える技」カード

児童が学習を自己評価するためのもう一つの方策として，自己評価や相互評価を的確に実施することができるように，授業のはじめに振り返りの視点（図4）を示し，それらの視点を意識して学習に取り組むことができるように工夫しました。教師がそれ

① 新しく分かったことは何ですか。【考えに至った経緯 学習内容】
② どうやって発見しましたか。【考えに至った経緯 学習方略】
③ 自分の考えを図や式などを使って説明できましたか。【表現方法】
④ 前に学習したどんなことを使っていますか。【学んだことの活用・関連付け】
⑤ 友達の発表でよかったところはどこですか。【他者のよさの取り入れ】
⑥ 考え方や表し方が，他でも使えそうですか。【類推的な考え】
⑦ 次にやりたいことは何ですか。【意欲付け】

図4　振り返りの視点

らの視点を一つ一つ投げかけ，学習方略について考えることができるようにしました。

　①～⑦の視点について，具体的な児童の姿をいくつか紹介します。

①分かったことは何ですか。（学習内容について振り返る）

　本時では，伴って変わる量とは何かを捉え直すために実験や具体物の操作を通して自由に調べる活動を行いました（図5）。

　児童は学習結果として次のことを認識しました。

- 変わっていく量と変わらない量がある。
- ある量が変わると，一緒に変わる他の量がある。
- 増えると増える，増えると減る，減ると減る関係がある。

「変わる量は何か」「どんな変わり方をして

図5　身の回りの事象について調べる

いるか」という2量の関係についての見方・考え方を発見し，「伴って変わる量」や「比例」の概念を実感的に認識し始めました。これが関数の素地になると考えます。

②どうやって発見しましたか。（学習方略について振り返る）

　この視点で発問することで，児童は自らの学習方略について振り返りました。

　グループごとに調べた結果を発表し合う活動において，お互いの分かったことを比べながら，「変わる量」と「それに伴って変わる量」には，変わり方のパターンやきまりがあるという共通点を見出すことができました。

　学び取った経緯について児童が振り返ったことを，次のように板書して可視化しました。（図6）

　　まず　　複数の事象を比較して共通点を
　　　　　　考える
　　次に　　考えたことを一般化する
　　さらに　他の事象でも言うことができる
　　　　　　か確かめる

　このようにして，児童は考えを進める方略を認識しながら，新しく価値を創造していくことができました。

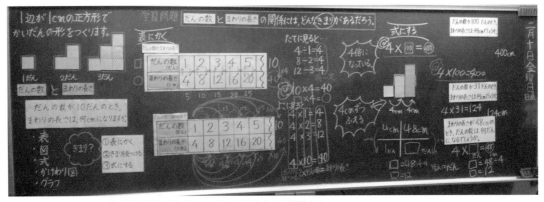

図6　板書で自分たちの学びを俯瞰的に振り返り，見方や考え方を再認識する

③自分の考えを図や式を使って説明できましたか。

　児童は2量の関係を式に表して縦に並べました。4÷1=4，8÷2=4，12÷3=4と，商一定に気付き，変わる量を□と○の式で表しました。（置き換え）そして，数値が変わってもすぐに求められるという式の便利さを発見しました。

　表，式，図，グラフと多様な方法が出たことに満足して終わりではなく，学びを深めるために，お互いの考えを関係付けることが重要です(図7)。

　「考える技」カードを見ながら振り返ることで，新たに「置き換え」や「関係付け」の方略を使うことができた自分や，使っている方略が増えてきている自分に気付くことができました。

④前に学習したどんなことを使っていますか。

　児童は，複数の事象の2量の関係を比較し，「一方が2倍，3倍ならば，もう一方も2倍，3倍になる」という共通のきまりを見出しました。（一般化）その後，「偶然ではないか。他の数値でも言えるか」を別の事象で確かめ，「例えば」を使って説明（例示）するようになりました。さらに，新しい課題について考える時に，前の学習で獲得し

たことから推測（類推）しました（図8）。こうして帰納的な考え方が獲得されていきました。

　学習の振り返りでは，前に学習したどんなことを使っているかと問い，「考える技」カードやノートの前時までの記録を見るように助言しました。児童は前時に価値付けを行った一般化や例示や類推などの方略を再確認し，「考える技」を活用できるようになった自分の成長に気付くことができました。

⑤　自分や友達の発表でよかったところはどこですか。

　児童が，自らの変化や成長を認識できるようになることが，自己調整学習には必要であると考えています。そこで，「自分の中で何が変わったか」「何が成長したか」を認識できるようにするために，これまで行っていた自己評価に加え，他者からも評価を得る活動（相互評価）を取り入れることにしました。

　調べた結果をポスターセッションでグループごとに発表し，他者からの評価を得るために，「私たちの発表でよかったところ」について聞くように指示しました。

　評価の内容として児童から多く出されたのは，結果の表し方でした。ほとんどのグ

図7　共通理解している方略を用いて学び合う姿

図8　見つけたことを式と関連付けながら図で説明する姿

振り返る

図9　結果をメモした児童のノート

図10　結果を図で表して伝える様子

ループが，調べた結果を図や言葉，数字で表現していましたが（図9，10），相互評価の中で，「表や式で表す」「気付きを色分けする」「矢印など記号を活用する」「誰から何を学んだかをノートにマークをつけながら記録する」等，自分が工夫した表現方法を他者に価値付けられることにより，児童は情報をまとめる際に効果的な方略について気付くことができたように思います。

　この活動で明らかになった方略を学級全体で共有し，児童が今後の学習でこれらの方略を活用することができるようにしました。

⑥逆に「〜でない」場合とはどんなことですか。考え方や表し方が，他でも使えそうですか。

　児童は身につけた方略を駆使し，比例関係（商一定）を理解しました。

　そこで，児童が使える方略をさらに広げるために，「比例の関係でないものとは」と問い，「逆に〜でない場合」を考えるよう指示しました。「比例」の概念は，「比例ではない」事象と比較することで，より認識が深まると考えたからです。

　児童は「考える技」カードにより，視点を変えて関係をつかむ逆思考として価値付けました（図11）。

　さらに児童は，商一定の他に和一定，差一定，積一定を見出しました。

　学習の振り返りの時点では，それらの発見（学習結果）ができた理由として，たて見やよこ見，シャワー見などの前時に価値付けた「表の見方」を方略として活用したからと捉えることができました。また，単元の導入時（図2）を想起させると，式の意味が分かってきた自分の成長に気付くこ

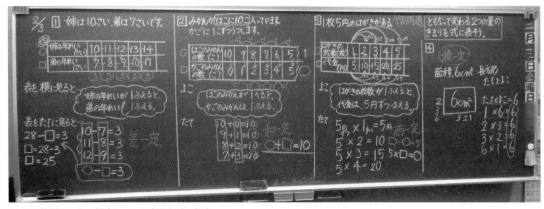

図11　比例ではない場合について考えた時の板書

とができました。

これらの児童の姿から，振り返りの段階で，学習方略の価値付けを繰り返していくことが，児童自身の活用を促すということが分かりました。

⑦　次に活かせることは何ですか。

児童は，数が大きくなった時に図をかく大変さに対して，表に整理することの便利さを実感しました。そこで，今後，学習方略（算数の表現様式）としてその後の学習で活用することができるようにするために，表のつくり方と読み方を指導しました。また，表をかく上での，① 2量の抽出，②変わる値を把握，③対応する値を把握すると

いう手順を学習方略の一つとして指導しました。児童が表をかくには時間がかかると懸念され，予め教師が用意して与えがちですが，このような方略を指導することで全員が必要な時にすぐ表をかいて調べるようになりました。このような児童の姿から，学習方略を自分で実行する機会や時間の確保が重要であることに気付きました。

表で調べることを繰り返すと，2量の依存関係（対応の規則性）を発見しました。また，よこ見（変化の様子），たて見（対応のきまり），シャワー見（比例の性質）という見方を自分たちで価値付けて，次に活かせる方略を生み出しました。

適用　□次の学習にどう活かすかを考えていたか

毎時間の振り返りで，児童が考えを広げたり深めたりすることに繋がる学習方略を認識し，繰り返し実行することにより，児童は問題解決の際にそれらの方略を積極的に利用するようになりました。

単元全体の「振り返る」フェーズでは，今後の学習に活かすことを自覚できるようにするために，これまでの学習の経緯を見つめて学級全体で話し合いながら，教師が学習振り返りリスト（表2）を板書していき，児童の振り返りを可視化しました。

児童は，単元導入時のレディネステストで明らかにした課題や学習目標と学習結果を比較して，うまくいったことを認識しました。表2を見ると，単元導入時は表や式の意味や使い方が分からず苦手意識をもつ児童が多かったのですが，表の見方・考え方を学び，きまりを見つけたり，式に表したりすることができるようになったと自覚

していることを見取りました。

うまくいった理由は，学習方略を多様に認識しており，毎時間の振り返りでの価値付けが効果的であったと考えます。

次の単元や他教科に活かせるところとして，児童は，今後2量の関係について調べる時や，比例の関係がどうかを判断する時に，学習方略として活かせると実感することができました。また，算数での数量関係に限らず，他の単元でいろいろな方法で比べたい時にも方略が活かせると認識しました。

本実践の後，国語や社会，理科などの他教科でも，「比較や関係付け」「例示」「逆思考」などを使って考える姿が実際に見られるようになりました。これらのことから，内容面に偏りがちな学習ではなく，振り返るフェーズで方法面も意識して繰り返し価値付けていくことが，自らの学習を調整す

る力を育成する上で大切であると考えます。

■表2　学習振り返りリスト

うまくいったこと	うまくいった理由	活かせるところ
・伴って変わる量や比例の意味がわかった。 ・表できまりを見つけて，式をつくることができた。 ・きまった数を見つけることができた。 ・□や○の式を使うと，数が変わってもすぐに答えを出すことができた。　　　など	・実際に実験をしたから。 ・自分で表をかいて調べたから。 ・「考える技」（共通点，比較，逆思考，類推など）を使ったから。 ・たて見，よこ見，シャワー見をして考えたから。 ・「例えば」を使って，他の場合でも言える証拠を説明することができたから。　　　など	・2量の関係を調べる時 ・比例しているかを判断する時 ・いろいろな方法を比べる時 ・人に説明をする時 　　　　　　　　　　など

⋯▶実践のポイント◀⋯

自己調整の要素

　本実践は，学習方略を「考える技」カードとして児童に配付しています。このように児童に身につけてほしい学習スキルをカード化し，常に参照することができるようにすることは非常に効果的であると思います。カードを授業中に確認できる環境を整えると，教師からの「今はどのやり方で考えましたか？」といった問いかけに対して，児童は，カードを参照しながら「逆思考かな？」「理由づけかな？」といった具合に，自らの学習をメタ認知することができます。

　本実践では，算数科を切り口に，カードで自らが取り組んだ学習方略を確認したり，その後の学習の方向性を決めたりする活動が行われています。そして，そこで身につけた力を他の教科へ波及させていったと書かれています。このようにある教科で習得した学習方略が他の教科で活用されることにより，児童が学習を調整する力を身につけることに繋がると考えます。

振り返りで実験の技能を高める

新潟大学附属長岡小学校●丸山哲也

振り返りには，学んだ内容や仲間との学習の様子を書くことが多い。本実践では，学習内容と共に，実験についても「うまくいったこと」「うまくいかなかったこと」といった学習方法について振り返ることで，実験のコツを児童自らが考え，実験を行う上での技能を高めていくことができた。

小学校 5 年生　理科▶ふりこの運動

◆自己調整学習チェックリストの項目

自己評価　□うまくいったことが何かを考えていたか
　　　　　□うまくいかなかったことが何かを考えていたか

自己評価　□うまくいったことが何かを考えていたか
　　　　　□うまくいかなかったことが何かを考えていたか

　図1は，本単元の学習計画を示したレギュレイトフォームです。本フォームを使って，てこの運動の学習を進めました。このフォームの特徴は，「学習内容の振り返り（図1中段A行）」と「うまくいったこと・うまくいかなかったこと（学習方法：図1　下段B行）」を分けて記述するようにしたことです。このように内容と方法を区別して振り返ったことにより，教科の内容を深めると共に，「うまくいかなかったこと」の枠に記述した事柄を基に次時の学習で，うまくいかなかった学習方法を改善することで，実験の技能を高めようと意識しながら学習を進めよう

とする姿が見られました。

　表1は，ある児童の実験・観察の振り返りの記述です。ここでは，授業を重ねるごとに実験方法を工夫，改善していったことが分かります。ふりこの運動の学習は，様々な要因によって実験結果が変わってしまうことがあり，正確に実験しにくいところがあります。しかし，このレギュレイトフォーム（図1）に記述することを通して，「うまくいかなかったこと」が顕在化され，学習方法を改善しながら学習を進めることができたことから，実験の精度が高まり，実験に要する時間も短縮されていきました。

	本時の◎ おもりの重さは1往復する時間に関係あるのか。	本時の◎ "長さ"は一往復する時間に関係あるのか	本時の◎ 振り幅は1往復する時間に関係あるのか
	〈本日の計画〉 ・重りの重さは1往復する時間に関係あるか ・予想：関係ないと思う ・理由：振り子の下の円を描くような形が、長くなれば距離もあるから長さは時間に関係あると思うけれど勢いだとプラマイゼロじゃないかと思います。（・実験・まとめ・振り返り)	〈本時の計画〉 ・長さは1往復する時間に関係あるのか ・予想：あると思う ・理由はメトロノームから考えました。 （・実験・まとめ・振り返り)	本時の計画 ・振り幅は1往復する時間に関係あるのか ・予想：あると思う ・理由：メトロノームから （・実験・まとめ・振り返り)
A	振り返り　（学習内容） 今日は重りの重さは一往復する時間二関係するかどうかを調べました。はじめもおもりには関係ないと予想しました。理由は上の通りです。大樹さん（多分）が「メトロノームは長さを変えて速度を調整している」と聞いて更に納得がいきました。実践してみるとやはりおもりの長さを変えても四捨五入すればおなじになりました。重りだけを変えて他の条件は同じにすることを次に生かして、効率よくやりたいです。	振り返り　（学習内容） 今日は長さは一往復する時間に関係あるのかを調べました。はじめも関係あると予想したけれど多くの人が"距離"についてピックアップしていました。そこから距離が理由として当てはまるのかが強く感じました。でもそこで理由が距離だけなのか疑問が残りました。 実験をしてみるとやはり関係ありました。まだやっていない"振り幅"は関係あるのかを次の時間にやってみたいです。	振り返り（学習内容） 今日は振り幅は1往復する時間に関係あるのかを調べました。はじめも関係ないと予想しましたが、中々理由がわかりませんでした。友達はメトロノームの意見だったり、振れ幅が小さいと小さい代わりに勢いがつかない、振り幅が大きいと進む距離が長い代わりに勢いがつくのでプラマイゼロじゃないかと予想する人もいました。実験してみると関係ありませんでした。私的にはおもりと似ていると感じました。結果的に長さが関係あっておもりと振れ幅は関係ないことがこの学習でで分かりました。
B	振り返り（実験・観察） 〈うまくいったこと〉 今回はみんなでなん往復かを数えたので、タイマーを押し忘れが少なかったです。 〈うまくいかなかったこと〉 重りを縦に3つ並べてしまって長さが変わりました。それにより条件も変わったためモタモタしました。	ふりかえり（実験・観察） 〈うまくいったこと〉 みんなの定規を使って測った。15cmの人で用途わけができた。 〈うまくいかなかったこと〉 紐のぐるぐるを解くこと	ふりかえり（実験・観察） 〈うまくいったこと〉 昔のモタモタをなくした。昔にうまく行ったことを応用した。 〈うまくいかなかったこと〉 なし

図1　本実践で使用した理科「ふりこの運動」レギュレイトフォーム

■表1　レギュレイトフォームの児童の振り返り（実験・観察）

	① 重さを変える実験	② 長さを変える実験	③ 振れ幅を変える実験
うまくいったこと	みんなでふりこの往復に合わせて声にだして数えたら、タイムを取りやすかった。	・「長さ」に気を付けたら正確に実験できた。 ・分担を決めたらスムーズに実験できた。	机の上のものを整理して実験したら，物にあたることなくスムーズにできた。
うまくいかなかったこと	・ふりこの「長さ」をひもの長さにしてしまった。本当は，おもりの真中までが「ふりこの長さ」だった。 ・一人でストップウオッチでの計測とおもりのスタートをしたから正確にタイムが計れなかった。	机の上に色々なものを置いてあたってしまった。	特にありません。

〈参考文献〉・木村明憲(2022)主体性を育む学びの型　・木村明憲(2023)自己調整学習

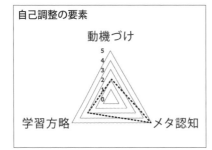

実践のポイント

自己調整の要素
動機づけ
5
4
3
2
1
0
学習方略　　メタ認知

　本実践では，授業の終末に，レギュレイトフォームに学習内容についての振り返りと，実験・観察といった学習方法についての振り返りを記述しています。

　学習内容について振り返ることは，学んだ事柄の理解を深め，知識の定着に繋がります。また，方法について「うまくいったこと（成果）」「うまくいかなかったこと（課題）」を考え，振り返ることで次の時間の学習に対する目標を明確にすることに繋がります。

　表1に示されたように，児童が実験や観察について振り返り，レギュレイトフォームに記述したことによって，成果を引き継ぎ，課題を改善しながら学ぶことに繋がったことが分かります。

　振り返ったことをレギュレイトフォームに記述することで，児童はそれらの記録を次時に確認することができます。レギュレイトフォーム が，前時の振り返りを次時のはじめに容易に確認できるツールであったからこそ，このような効果が見られたのだと思います。

07 原因帰属・自己評価による学習の振り返り

大阪市立今里小学校●斉田俊平

　自己調整学習は，「予見」「遂行コントロール」「自己省察」の3つのフェーズが循環することが基本的な特徴である（伊藤2009）。本書ではこれらを「見通す」「実行する」「振り返る」のサイクルによって表現している。また，合田ら（2014）は，この学習サイクルを継続的に実施するにあたり，リフレクションを受けた改善が必要であると述べている。つまり，学習後のリフレクション段階において，自己評価し，うまくいかなかった原因を明らかにし，次の学習サイクルの機会で原因帰属によって学習の計画や方略を改善していくことが重要ということである。本実践はこれを援用し，国語科「町の幸福論—コミュニティデザインを考える—」の学習において，「10年後，100年後の未来の商店街を提案する」のテーマで単元の終末にプレゼン発表を行った。発表に至るまでの過程において，自分の考えの内容や明確になったことを意識し，内容と方法の両面に着目して自己評価を行い，学習を調節していった。

小学校 6 年生　国語▶町の幸福論

◆自己調整学習チェックリストの項目

自己評価　□うまくいったことが何かを考えていたか
　　　　　□うまくいかなかったことが何かを考えていたか

自己評価　□うまくいったことが何かを考えていたか
**　　　　　□うまくいかなかったことが何かを考えていたか**

　本実践では，児童が「10年後，100年後の未来の商店街」についてグループごとにプレゼンテーションを実施し（図1），自己評価を行うとともに，評価履歴を容易に蓄積化・可視化できるGoogleスプレッドシートを活用して，学習を振り返る実践に取り組みました。

　図2は，「プレゼンテーションの内容が課題や提案に合っているか」「プレゼンテーションの良かった点」「プレゼンテーションを通じて得られた新たな視点」「自分たちのプレゼンテーションの改善点」の4点について，自己評価する際に配付し，記述された自己評価シートの一部です。このシート

図1　プレゼン発表を行う児童

図3　他者評価を行う様子

チーム名	班	名前	課題や提案に合っているか	良かった点	新たな視点	改善点
A新道②	2		自転車マナーについては、マップに書かれていなかった。	JPEG写真と説明が、アノテーションに入っていてよかった。	課題は接触事故が多いから、もっと交差点の十字など、危ないところは看板や警察の人に立ってもらって、事故を減らすにしたほうがいい。	シャッターのままの部分が多いから、もっと看板を設置したらいいのではないか。
	2		自転車事故などの課題と提案に入れた看板や警察、駐輪場の内容があっている。	テロップなどを使っていたのがいいと思った。	クイズを取り入れるアイデアはいいなと思った。	もう少しアノテーションを置き、説明を加えた方がいいと思った。
	2		課題と提案に合っている。	アノテーションを道の真ん中に置くことで、目立たせたところが良かった。	自分の班のスライドにはクイズを入れてなかったので、クイズがあるのはいいなと思った。	もう少しアノテーションを置いて、分かりやすくした方がいいと思った。

図2　自己評価シートの抜粋（Google スプレッドシート）

り返りの視点を設定しました。また，正確にこれらの評価を行うことができるよう，学習の課題を想起することを目的に「課題や提案に合っているのか」ということを考え，学習目標を確認することができるように工夫しました。評価については自分たちのグループだけでなく，他のグループの評価も行うようにしました（図3）。他者評価のシートには，コメント欄を設け，他の班が自らの班をどのように評価したのかについて記録を残すことができるようにしました（図4）。このような枠を設けることで，

では，「良かった点（上手くいったことが何かを考える）」「改善点（上手くいかなかったことが何かを考える）」の視点で児童が自らの学習を振り返ることができるように振

チーム名	班	名前	課題や提案に合っているか	良かった点	新たな視点	改善点	コメントらん
A新道②	2		自転車マナーについては、マップに書かれていなかった。	JPEG写真と説明が、アノテーションに入っていてよかった。	課題は接触事故が多いから、もっと交差点の十字など、危ないところは看板や警察の人に立ってもらって、事故を減らすようにしたほうがいい。	シャッターのままの部分が多いから、もっと看板を設置したらいいのではないか。	友達のアドバイスとしてベンチのアノテーションが少なかったのと、語呂合わせのアノテーションが2か所ぐらいしかなかった。そして引用元がなかった
	2		自転車事故などの課題と提案に入れた看板や警察、駐輪場の内容があっている。	テロップなどを使っていたのがいいと思った。	クイズを取り入れるアイデアはいいなと思った。	もう少しアノテーションを置き、説明を加えた方がいいと思った。	「イルミネーションを冬以外にもつける。」などの意見が多かった。そこから他の季節のイベントを増やそうと思った。今回の学習をしてみんなの前で発表することでいろいろの意見がもらえるので良かった
	2		課題と提案に合っている。	アノテーションを道の真ん中に置くことで、目立たせたところが良かった。	自分の班のスライドにはクイズを入れてないなかったので、クイズがあるのはいいなと思った。	もう少しアノテーションを置いて、分かりやすくした方がいいと思った。	友達のアドバイスをまとめると手にはベンチのアノテーションが少なかった、アノテーションが少ない、意見をもとにアノテーションが少なかったりベンチを増やすことや季節のイベントのポスターを増やすこと。
A新道①	1		最初の道路の所は、特に車と自転車の接触が多いので、警察の人に立ってもらうなどの工夫をした方がいいと思う。	でんがなの所に、クイズがあった。最初の方に、デロップがあった。	自分の班にはない、クイズなどを途中の所に入れているからすごいと思た	最初と最後にだけ、アノテーションがあったからもう少し増やした方がいいと思う。テロップをもう少し増やす	自転車の看板を増やしいらないテロップを減らして確実な情報を記入する
			提案や課題にあっていた	テロップに自転車事故の件数が多いこ	クイズがある(自分たちの班にはない)	看板が入口と出口しかないから真ん中にも看	友達のアドバイスは、空き家のところにアノテーションがあってもよい。ポイントカードについてのアノテーションが少ない。気づい

図4　他者評価シートの抜粋（Google スプレッドシート）

多様な視点で自らのプレゼンテーションを振り返ることができたのではないかと考えます。具体的な例として，発表者が発表内容について「商店街マップの中に詳しい説明を入れることができた」と自己評価し，それに対して，聞き手は「地図に貼り付ける写真と補足説明（アノテーション）を増やし，お店の情報を加えた方がいい」と提案するなど，双方の視点からプレゼンテーションをより良くするための意見が交流されました。児童は，自己評価と他者による評価をもとに「良かった点」「改善点」を明らかにすることで，次時に向けた改善点を明らかにすることができました。これらの評価に取り組んだ後の児童の姿は「友達のアドバイスをもとに，アノテーションが少なかった部分を修正する」といった学習方法を改善し，より良いプレゼンテーションを作成しようとする姿に繋がっていきました。

〈参考文献〉
・伊藤崇達（2009）自己調整学習の成立過程:学習方略と動機づけの役割.北大路書房
・合田美子，山田政寛，松田岳士，加藤浩，齋藤裕，宮川裕之（2014）自己調整学習サイクルにおける計画とリフレクション：授業外学習時間と英語力との関係から.日本教育工学会論文誌，38（3）:269-286

振り返る

···▶実践のポイント◀···

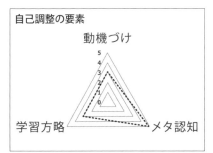

自己調整の要素
動機づけ
5
4
3
2
1
0
学習方略　　メタ認知

本実践では，児童が自らの学習について自己評価をした後に，他の児童の学習結果を評価しています。自己評価をする際は，取り組んだ学習の成果と課題を明らかにするという視点で評価することが大切です。本実践では，「良かった点」「新たな視点」「改善点」という3つの視点で自己評価をすることで，成果と課題に加え，今後の活動に活かせることを明確にしています。このように自らの学習をメタ認知し，次の授業につなげるということが，児童が主体的に学習を調整することに繋がっていくのだと思います。

また，本実践では，他者からの評価を得られるように工夫しています。授業で新たな価値や作品を創造する際は，自己評価だけでなく相互評価する機会を設けることで，客観的な意見を得ることができます。このように客観的な意見を得ることが，学習者の学びを主体的なものにしていくと考えます。

08 振り返りを繋げることで可能になる自己省察

箕面市立とどろみの森学園●新井雅人

自己省察をして学習の中での成長や変化を感じ取るためには，ただ振り返りを書けばよいというわけではなく，振り返りを書く際，長期的に視点を決めて，自らを観察する必要がある。しかし，長期的なスパンでの振り返りは，自ら行動を思い出すことが容易でないことから，短期・中期・長期的なスパンで学習を振り返り，それらの記述を比較することで長期的な自己省察を可能にした。

中学校 2 年生　理科 ▶ 単元 1（化学）化学変化と原子・分子　1 章 〜4 章

◆自己調整学習チェックリストの項目

自己評価	□うまくいったことが何かを考えていたか
	□うまくいかなかったことが何かを考えていたか
原因帰属	□評価結果の理由を考えていたか
自己満足	□自らの学習結果に納得した上で，その後の学習に活かせそうなことについて考えていたか
適用	□次の学習にどう活かすかを考えていたか

自己評価	□うまくいったことが何かを考えていたか
	□うまくいかなかったことが何かを考えていたか
原因帰属	□評価結果の理由を考えていたか
自己満足	□自らの学習結果に納得した上で，その後の学習に活かせそうなことについて考えていたか
適用	□次の学習にどう活かすかを考えていたか

●自己調整学習の土台を形成する取り組み

　生徒が学びを深めていくにあたって振り返りは大事です。しかし，私は「振り返りが大事だ」ということは分かっていても，「何のために学習を振り返るのか」，また「振り返ることでどのような効果があるのか」と

いうことが，いまいち腑に落ちていませんでした。そこで，学習の振り返りについて一から考え直してみることにしました。

　学習を振り返ることについて考え直した結果，振り返りがリフレクション（reflection）と言われることから，学習における自らの姿を鏡でみるように，行動を客観的に見つめ直し，自己省察し，次の学習に繋げることであると気付きました。さらにいうと，自己省察の目的は，自身の成長や変化を自分自身で掴みとる。そして，成長した実感を得て，内発的動機づけに繋げるということだと考えます。

　中学生が，振り返りにおいて「成長した実感を得る」には，これまでの教師としての経験から，1学期間，半年，1年間のようなスパンで振り返る必要があると考えます。また，「成長を実感する」ためには，生徒の授業観（授業とはこういうもの）もアップデートする必要があります。今日の中学生を見ていると多くの生徒が，教師の説明が分かりやすかったか，分かりにくかったかを指標に授業を見ていると感じます。つまり，自分自身の学習方法や方略によって学習の質が変わるという考え方ではないのです。そのような考え方で，学習を振り返っても，自らの学習を評価し，その評価の理由を考え，次の学習に活かすといった自己調整的な振り返りには繋がらないのです。

　そこで，中学校1年生の段階（本実践の前年度）において，まずは生徒の授業観のアップデートを行うために，ノート持ち込みありの小テスト（単元テストの扱い）を実施しました。ただ板書を写しただけのノートを持ち込むのではなく，教科書から必要な情報を自分で抜き出したり，その情報を整理し，コンセプトマップの形式で図化し

たり（図1），分かったことを図で表現したりしました。（図2）

　また，友達と相談しながらノートに書き込む情報を精査する活動も行いました。つまり，生徒によって持ち込むノートを自由に工夫することができるようにし，ノートの記述方法・方略に違いがでるようにしたということです。生徒が工夫を凝らしたノートを小テストに持ち込むことで，ノートの内容的な質や，方法・方略的なまとめ方の成果を確かめることができます。このよう

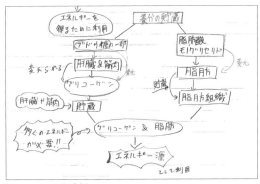

図1　ノート作成例

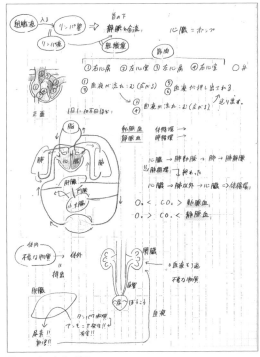

図2　ノート作成例

145

にノートを小テストに持ち込めるようにしたことで、小テストの得点の理由を、教師の説明の良し悪しであると考えていた生徒の考えを、自らの工夫や努力よって小テストの結果が変わるのだという考え方に変えることに成功しました。

生徒の授業観のアップデートに成功したことから、生徒が自らの成長を実感する土台ができたと考え、小テストを実施した後に、その結果を踏まえて、自らの学びについての振り返りを実施しました。その際に生徒に配付した振り返りシートの名称は、単元シートとしました（図3）。単元シートの振り返りの視点は、「＋：よかったところとその理由」「－：よくなかったところとその理由」「→：次の単元で改善したいこと／このまま継続したいこと」の3つにしました。これは、自己調整学習の自己評価、原因帰属、適用の視点を参考に設定しました。

なお、それぞれの内容については、学習内容の理解度ではなく、「ノートの情報量は適切だったか」「どのような工夫をしたか」「工夫したことで成果を感じたことはあったか」といった視点を示し、行動や方法・方略に目が向くようにしました。合わせて、次の単元（小テスト）に向けての対策を書くようにしました。これは適用に繋がります。

しかし、5時間6時間と授業を進めていくと「自分がこれまでの単元でどのような行動をしていたのか」「前の単元でどんな学びや気付きがあったのか」を忘れてしまい、振り返りが抽象的になっていきました。このような課題を基に、2学期からの実践では授業毎に振り返りを実施することにしました。その際に配付した振り返りシートは、授業シートという名称にしました（図4）。

授業ごとの振り返りの視点は、単元毎に書いているものと同様の＋・－・→です。授業毎にこのシートに振り返りを書き溜めていき、単元末に授業シートを見ながら、単元の自分の行動やノートの質といった自らの努力や工夫について振り返りました。

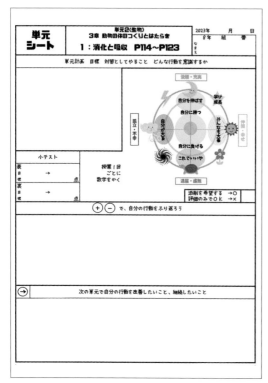

図3　単元シート

図4　授業シート

短期的なスパン（授業毎）で振り返りを行い，自らの行動の記録を残していくことで，中期的なスパン（単元毎）の振り返りの質の向上を図りました。これを継続して行ってきたことで，学習に対して質的な向上を生徒たちが求めるようになっていくことを実感することができ，生徒が学習を振り返り，自らの学習を調整することに繋がったと感じました。

●生徒が学習を主体的に自己調整する
　取り組み

　本実践では，前年度（前節の前年度に至るまでの取り組み）の土台があることを踏まえて，短期（授業毎）・中期（単元毎）・長期（定期テスト毎）に学習の振り返りを行いました。生徒が，定期テスト毎の振り返りを記述するシートとして，テストシートを作成し，配付しました（図5）。そして，学期末に全てのテストシートを振り返りました（図6）。

　振り返りを記述する際には，表現の仕方を制限（しっかりと，きっちりと，集中，一生懸命などの抽象的な表現を避ける。もしくは，それがどのような行動なのか具体的に分かるような表現を追記する）し，具体的に記述することができるように指導しました。このようにして取り組んだ1学期

図5　テストシート

間の振り返りは，次の学期，次の単元への適用として大きな効果が期待できると感じました。また，どの単元も同じサイクルで振り返りを行ったことで，「この授業ではどうするのか？」「次の授業では？」「この単元は？」「次の単元は？」「定期テスト後には？」「次の定期テストでは？」といったように振り返ったことを次の学習に活かそうとする意識（適用）の高まりを感じました。

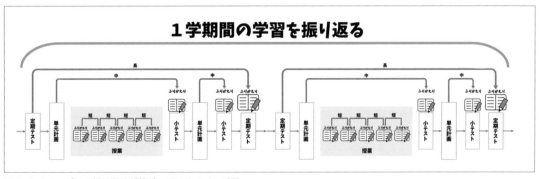

図6　3つのスパンの振り返りが繋がっているイメージ図

以下は，生徒Ａの１学期の学習の振り返りです。

> １学期の最初の方は，ただやったこととその結果を書いていただけだったが，最後の方には，ただやったことと結果を書いていただけでなく，なぜそのような結果になったのかを含めて書くようになった。
> →自分を客観的に分析して，それを自分の中だけでなく，アウトプットできるようになったのだと思った。
> また，一学期の最初はやり方を固定して変えずにやっていたが，中間テストでは，覚えられないものや忘れてしまうものがあったので，やりがいのある学習法を見つけるまで変えるということにチャレンジしたので，期末後には今までやっていたことを変えて新たなやり方をみつけることができた。さらに，前半は家庭学習をやる時間が少なく，やっても結果が出づらいという傾向をみつけたので，それを改善するため
> にもやり方を変えてこれた。今もう一度自分をみると，内容を把握するのは得意だが，それを頭に入れるのが，時間がかかるという傾向や単元では，なかなか人の力を借りられないというようなものが単元シートから見えてくるようになっていて，メタ認知能力がついたと思う。(略)

　何の指導もせずに，生徒に「振り返りを書きましょう」と言って書くだけでは，このような振り返りの記述には至らなかったのではないかと思います。小テストで目標点を獲得すること，方法・方略に着目することなど，振り返りの視点を限定し，継続的に記述することを通して，生徒が学習を主体的に振り返り自己省察することができるようになりました。また，意識しやすいスパンでの振り返りを紡いでいくことで，長期間での自分自身の変化や成長を感じ取れるようになりました。

⋯▶実践のポイント◀⋯

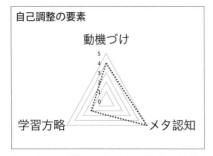

自己調整の要素
動機づけ
5 4 3 2 1 0
学習方略　　メタ認知

　本稿では，小テストの際に，自作のノートを持ち込んでも良いことにしたことで，生徒が工夫してノートをまとめるようになったと記されています。これは，ノートにまとめることが小テストの結果に直結することから，生徒の学習に対する動機づけが高まったのではないかと推測されます。
　また，テストと連動させながら短期(授業毎)，中期(単元毎)，長期(定期テスト毎)に学習の振り返りを行ったことで，学習の成果や課題が蓄積され，自らの成長を実感することに繋がったのではないかと考えられます。このように，テストを実施し，振り返りを蓄積していくことで，自分自身の成長をメタ認知することにつながるのだと思います。

[振り返る]

3観点（＋）・（―）・（→）を用いた自己省察スキルの育成

津市立芸濃中学校●山下海人

木村・黒上（2023）は，小学校6年生を対象にした自己調整学習を視野に入れた学習の振り返りにおいて，「うまくいったこと」や「うまくいかなかったこと」の理由を考えて記述する「帰属スキル」や前時の振り返りを根拠にして目標を記述する「適用スキル」に関する記述が少なかったと報告している。そこで，帰属スキルや適用スキルを育成するための支援方法を検討する必要があると考えた。そこで土田ほか（2023）の支援の方法である，（＋），（―），（→）をレギュレイトフォームの振り返りの部分に取り入れ，そこに「その理由」という項目を加えた振り返りの枠（図1）に，約3ヶ月間振り返りを記述する実践を実施し，生徒の帰属スキルを育成し，発揮させるための支援のあり方について検討した。

ふりかえり(分析)
<＋・その理由>

<―・その理由>

<→・その理由>

図1　振り返りの枠

中学校 3 年生　社会▶人権と日本国憲法

◆自己調整学習チェックリストの項目

自己評価	□うまくいったことが何かを考えていたか
	□うまくいかなかったことが何かを考えていたか
原因帰属	□評価結果の理由を考えていたか
自己満足	□自らの学習結果に納得した上で，その後の学習に活かせそうなことについて考えていたか
適用	□次の学習にどう活かすかを考えていたか

自己評価　□うまくいったことが何かを考えていたか

　自らの学習を自己評価（うまくいったこと・うまくいかなかったことが何かを考える）するために，学習計画（以下レギュレイトフォーム）を導入した直後の記述と，このフォームを2ヶ月間使い続け，毎授業での個人や全体へのフィードバックを行った後の生徒が記述した振り返りを比較しました。図2は本実践を行ったクラスの生徒が5月に記述したフォームです。このフォームの振り返りの部分を見ると，「教科書を読

図2　生徒が記述した学習計画の全体像

ふりかえり(分析)
＜＋・その理由＞
時間中に全部終わらせることを終わらせることができた！教科書を読むときに重要なこととかについてなぜかを考えていくとスムーズにすすんだ！
＜−・その理由＞
時間を気にしすぎて前回の疑問の解決を忘れていた
＜→・その理由＞
今回の公民の範囲と歴史でかぶっているところを見つけたので今日見つけたサイトも利用しながら理解を深める！

図3　生徒Aの振り返り（5月）

むときに重要なことについて，なぜそれが重要なのかを考えると授業がスムーズに進んだ（図3）」「内容を理解するためにCanvaでまとめた」「仲間との会話で視点を広げることができた」等，自己評価の場面で授業を通してどのようなツールを用い，そのことがどうであったのかについて振り返った記述や，単元や授業のゴールに向かうために用いた方法・方略が，効果的であったのかということについての記述が多く見られました。

　これらの記述は，自己調整学習チェックリストの「うまくいったことが何かを考えていたか」の視点を満たすものでした。しかし，これらは主に学習方法に関する記述であり，その方法が教科学習を深めるため

に有効であったかどうかについての考察が不足していると感じました。そこで，「うまくいったことが何かを考えていたか」の視点については，学習方法に関する自己評価（教科書を選択し，情報を集めたことで早く情報を集めることができた，ピラミッドチャートを活用することで集めた情報をうまく構造化することができた。など）と，教科内容に関連した自己評価との二つの視点があることを，生徒全員にフィードバックしました。

　このような学習方法のみに焦点化された自己評価は，特定の生徒だけでなく，本フォームを導入した初期に他の生徒にも見られました。しかし，このようなフィードバックを継続して行うにつれ，二つの視点で記述された自己評価が増えていきました。

　生徒Aの7月時点での記述には，「なぜ国民主権が憲法の柱に入っているのかを考えた結果，戦前の天皇主権では少数の意見しか入らなかったからだと思った。より多くの人の意見を求めているのだと思った。これは選挙の参加人数を増やす理由と似ていると思った（内容面：図4）。班で協力し役

ふりかえり(分析)
<＋・その理由>
どうして国民主権なのかを考えてみると、戦前みたいに天皇主権だと、すごく少数での意見しか入っていないからだと思った。だから国民主権にしてより多くの人の意見を必要としているのだと思った。選挙の参加人数を増やす理由と似ていると思った。
<－・その理由>
言語化することはできたけど、考えたり調べるのに時間がかかりすぎた。
<→・その理由>
計画表を全然見ながらやらなかったから確認しながらする！！

図4　生徒Aの本単元3回目の授業での振り返り（7月）

ふりかえり(分析)
<＋・その理由>
班で協力して役割分担しながらできた。結論を考えてから関連するところを見つけるとスムーズにできた。
<－・その理由>
なし
<→・その理由>
前回できなかった時間の調節をする

図5　生徒Aの本単元6回目の授業での振り返り7月

割分担を行いながら作業を進めた。結論を先に考えてから関連する情報を見つける作戦が有効だった（方法面：図5）」という，二つの視点で学習を振り返る記述が増えています。これらのことから，視点を細分化し，

生徒の記述に対してフィードバックを行うことで，「内容面と方法面に対して『うまくいったこと』を記述する自己評価」に結びついていったと考えます。

■表1　生徒Aの振り返りの記述

5月時点での記述	7月時点での記述
時間中に全て終わらせることができた。教科書を読む時に重要なこととかについてなぜかを考えていくとスムーズに進んだ。	(国民主権が大切な理由について考える活動の振り返り)どうして国民主権なのかを考えてみると、戦前みたいに天皇主権だと、すごく少数での意見しか入っていないからだと思った。だから国民主権にしてより多くの人の意見を必要としているのだと思った。選挙の参加人数を増やす理由と似ていると思った。

自己評価　□うまくいったことが何かを考えていたか

ふりかえり(分析)
<＋・その理由>
基本的人権とはとか基本的人権が大切な理由はわかった。その人がその人らしく生きるために必要ってことがわかった。けど自由に生きるための権利があるなら犯罪をやってもいいんじゃないのってゆう疑問をHさんと見つけた。
<－・その理由>
今日の課題が理解できた。でも矛盾の所を探しているうちに時間がなくてちょっと…って感じで終わってしまった。
<→・その理由>
班で協力して頑張る！！

図6　生徒Bの記述（本単元の3回目の授業）

ふりかえり(分析)
<＋・その理由>
班で今までのわかったことを書き出していい感じにできたと思う。
国民主権も基本的人権の尊重も平和主義も全部繋がってた！！だから何かひとつかけたらあかんってゆうことがわかった。
<－・その理由>
ちょっと時間がなかった
<→・その理由>
班で協力したからいいのができた

図7　生徒Bの記述（本単元の4回目の授業）

生徒Bの「自分が自由に生きるための権利を主張した際に，犯罪に繋がってしまうかもしれない（図6を筆者が要約）」という気付きは，生徒Bが仲間との学びの中で問いを見つけ出したことを示しています。う

まくいったことは何か（＋）を考える活動からもたらされたこの気付きは，学習方法を超え，教科的な内容そのものにも目を向けていると言えます。生徒Bの気付きは，後の学習で取り扱う「公共の福祉」や「裁判

制度」に波及する内容でもありました。さらに，図7の記述から憲法の3つの柱についてこれまでの授業を活かして学習を行ったことが分かります。（＋）の視点から自分の学習を振り返ったことが，教科の内容を捉えるとともに，情報をまとめるスキルを発揮することにも繋がったと言えます。

また，生徒がこのような気付きや振り返りを記述できるようになるためには，教師からの適切なフィードバックが欠かせません。ジマーマン（2009）の指摘によれば，教師が学び手に対して尋ねたり，学びの場を提供しつつ，有益な情報や意見を提供したりすることが重要あるとされています。この点を踏まえ，生徒がポジティブな気持ちで自身の振り返りを記述できるよう対話を行うことや提出された本フォームをロイロノートで共有する等の環境面においてもサポートすることを心がけています。生徒が自分の学びの中で「うまくいったこと」や「気付き」を具体的に考えるためには，教師のフィードバックが必須であり，それは生徒の自律性や自己効力感を高める効果があると言えます。

自己評価　□うまくいかなかったことが何かを考えていたか

「うまくいかなかったことが何か（－）」という視点からの自己評価は，生徒の自己理解を深める上で非常に効果的な手立てでした。この点について，単元末に行う振り返りシート（図8）と本フォームの1時間毎の振り返りの記述（図10・11）を基に考察します。表と図の時系列は，表2（5月上旬）→図9（5月下旬）→図10→表2（7月）となっています。

表2は，生徒Cが5月と7月の単元末に行った振り返りの記述を比較した表です。生徒Cは，5月の時点で，「自分が教科内容について理解しきれてなくてもそれ以上のことを聞くことができなかった」と記述し

ています。そして，この生徒Cと担任である筆者が対話する中で，「分からないことを聞くことが相手の時間を奪うことにつながると思うことから，他者に質問することができないこと」「他者に説明してもらっても自分がうまく理解できないときに，その人に気を遣い，さらに問い返すことができないこと」について悩んでいることが分かりました。これに対して，自分の理解が浅い部分について再度質問することは，自分だけでなく相手の学習も深める機会につながるというフィードバックを生徒Cに行いました。

図9は，そのフィードバックを受けた後

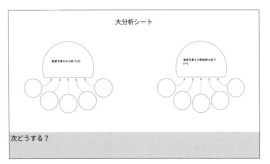

図8　単元末に行う振り返りシート

ふりかえり(分析)
＜＋・その理由＞
わからないところを聞きに行けたしわからなくてもわかるまで聞けたからそのわからなかったところが分かれた！広がった理由を教えてもらって分かった！！！！
＜－・その理由＞

＜→・その理由＞
次の課題も最後に分かったっていうことができるように聞きに行ったり教科書読んだしする

図9　生徒Cの記述（5月下旬）

```
ふりかえり(分析)
<＋・その理由>
SさんとYさんがわからないことをずっと教えてく
れて分からないことがわかるようになったし、そ
ういうこと!ってなるように教えてくれた
<－・その理由>

<→・その理由>
国民主権のことを知って教えてもらう
```

図10　生徒Ｃの本単元の３回目の授業での記述（7月）

の生徒Ｃの本フォームの記述です。ここで生徒Ｃは，「自分が納得するまで何度も質問して，ようやく理解できるようになった」と記述しています。このことから，前回の振り返りで自らが挙げた課題に対して，具体的な対策を試みて改善することができたと言えます。この記述があった単元末の振り返りの記述が表２の右側です。生徒Ｃが分からないことを理解するまで聞くことができるようになり，さらに人から質問されたときに自分が教えてもらったことを伝えることができるようにもなったことが分かります。その成果は次の単元にも繋がり，うまくいったこと（＋）に記述するまでに変化しました（図10）。生徒が「うまくいかなかったことが何か」と自己評価することで，自分の学習の課題に気付き，それを改善する方向に努力することに繋がりました。このプロセスを通じて，自己評価することが自己理解を促進する有効な手立てであることが明らかになりました。

■表2　生徒Cの振り返りの記述

5月上旬時点での記述	7月時点での記述
・友達にはじめは聞けていたけど最後聞けなかったり、わからなくてもそれ以上のことを聞くことができなかった。	いつも一緒にしていた人に聞いたりしていたけど違う人にわからないことを聞きに行ったりしたらいろんなことを深く教えてくれて、わからない子が「どういう意味？」と聞きにきてくれた時に「こういう事」って私が教えてもらったことをその子に教えることができました。 ・わからないことが多すぎて、整理シートが全然終わってなくて時間の使い方がうまくできなかったからもっと計画を立ててその計画をできるようになりたいです。

原因帰属　□**評価結果の理由を考えていたか**
自己満足　□**自らの学習結果に納得した上で，その後の学習に活かせそうなことについて考えていたか**

　授業１時間だけではなく，単元を通して自己の学習を記録・蓄積していく際には，原因帰属（原因を考える力）することが欠かせません。（＋），（－）の理由を考えることは，メタ認知を働かせながら自分の学習を捉えて，そこから自分の学習の足跡を掴むことに繋がります。生徒Ｄの記述を基に学習の足跡を見ていきます。
　図12は，生徒Ｄが，自身の納得のいくような学習ができなかったと感じていた時

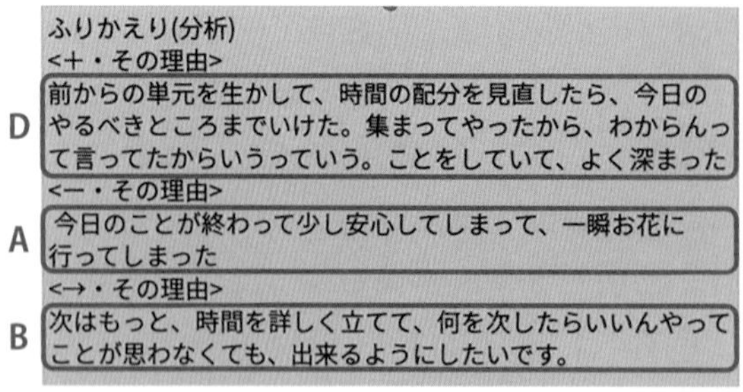

ふりかえり(分析)
<＋・その理由>

D 前からの単元を生かして、時間の配分を見直したら、今日のやるべきところまでいけた。集まってやったから、わからんって言ってたからいうっていう。ことをしていて、よく深まった

<ー・その理由>

A 今日のことが終わって少し安心してしまって、一瞬お花に行ってしまった

<→・その理由>

B 次はもっと、時間を詳しく立てて、何を次したらいいんやってことが思わなくても、出来るようにしたいです。

図11 生徒Dの記述（本単元1回目の授業）

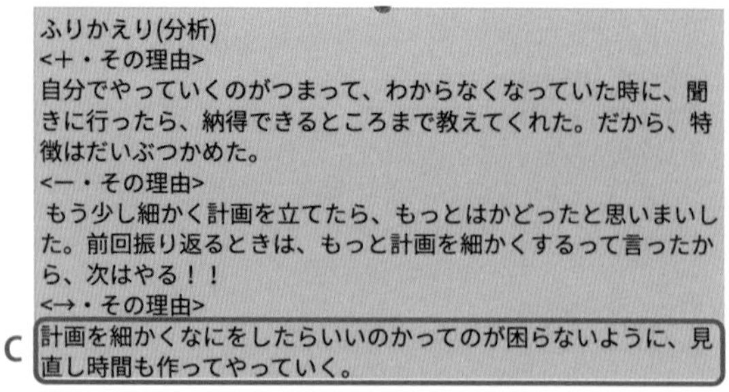

ふりかえり(分析)
<＋・その理由>
自分でやっていくのがつまって、わからなくなっていた時に、聞きに行ったら、納得できるところまで教えてくれた。だから、特徴はだいぶつかめた。

<ー・その理由>
もう少し細かく計画を立てたら、もっとはかどったと思いまいした。前回振り返るときは、もっと計画を細かくするって言ったから、次はやる！！

<→・その理由>

C 計画を細かくなにをしたらいいのかってのが困らないように、見直し時間も作ってやっていく。

図12 生徒Dの記述（本単元4回目の授業）

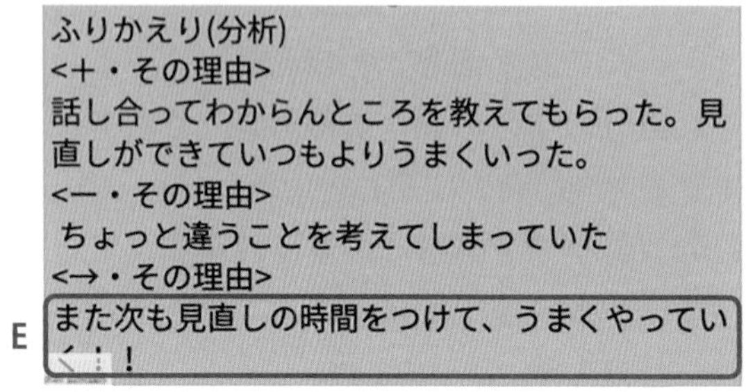

ふりかえり(分析)
<＋・その理由>
話し合ってわからんところを教えてもらった。見直しができていつもよりうまくいった。

<ー・その理由>
ちょっと違うことを考えてしまっていた

<→・その理由>

E また次も見直しの時間をつけて、うまくやっていく！

図13 生徒Dの記述（本単元5回目の授業）

間の記述です。なぜそのような自己評価になったのかの原因を考えながら、授業での自らの様子を振り返ることができています。この記述は、3回前の授業の（→）で記述した事柄を基に、次時の学習時間を詳しく立案することと関連させて考えられています（図11のB）。細かく学習の計画を立てることで次に何をするのかが明確になり授業の充実感を高めることにつながることを生徒自身が掴んでいると言えます。生徒自身が振り返りの際に、現状を掴みやすくするために授業中での対話を大切にしています。対話は、教師が次の指示を出すのではなく、生徒に今どの段階にいるのかと問い、その答え基に次に何ができるかを生徒が考えるスタイルで行っています。授業の中で、教科内容だけでなく、学習方法についての

フィードバックをたくさん行うことで、生徒が振り返りで自己評価の結果を基に原因を帰属することができるきっかけになると思い積極的にフィードバックを行うようにしています。また、うまく自分の現在地を捉え、次の学習に活かすことができた記述があれば、次回の授業の冒頭で学級全体の生徒へフィードバックすることを欠かしません。全体と個人へのフィードバックを行い、生徒が自己調整できるような意思決定の余白を残すことも大切にしていることの1つです。

　生徒Dの記述に戻ります。（→）に見直しの時間（学習を見通す時間）を次の時間も取ると記述しています（図13のC）。この記述から、1回目の授業の（＋）と5回目の授業の（→）と繋がっていることが分かります（図11のD、図13のE）。

　このように各項目において、自己評価の結果を基に原因帰属したことによって学習の記録・蓄積を促し、単元を通して自分の学習をメタ認知的に捉えることに繋がると言えます。

適用 □次の学習にどう活かすかを考えていたか

　次の授業で意識したいこと（図中の（→）の部分）を考えることは、自己調整学習

チェックリストの「次の学習にどう活かすか」を考えることに繋がります。（＋）、（ー）

ふりかえり（分析）
<＋・その理由>
単元の問いについて一緒にやってる人の疑問も考えて日本国憲法になってどうなったのかっていうのが考えられた

わからんかったところは一緒にやってる人に聞いたりしてわかるようにした
教科書の内容をほとんど理解できたと思う！
時間もみれた！時間内に振り返りが書き終われそう！
教科書の内容も理解できて時間内におわれそうやからめっちゃいい感じ！

A

<←・その理由>
次もわからんかったらいろんな人にきく！
時間も意識しながら振り返りまで時間内に終わるようにする

B

図14　生徒Eの記述（本単元1回目の授業）

ふりかえり（分析）
<←・その理由>
わからんところは聞けた！
最初いつも一緒にやってる人に聞いたりして
こうかなとか疑問に対して仮説も立てれるようになった
違うところでやってる人がおったからわかるまできけた
時間も見ながらできた「ずっと時間を見るんじゃなくてぱってみてあと何分やなって思いながらできた

C

図16　生徒Eの記述（本単元3回目の授業）

とその理由を踏まえた上で，次回の授業で意識したいことを1時間の振り返りの時間に考えます。振り返りをした直後に次の学習について考えることで，次時の具体的な目標設定につなげることがねらいです。これらについて生徒Eの記述をもとに考察します。

　うまくいった理由の中に，「自分が分からないと感じたところを一緒に学習している仲間に聞き，理解できるようになったこと」や「時間を意識して過ごしたこと」，うまくいかなかった理由の中に，「いろんな人に聞くことができなかったこと」が記述されています（図14のA）。

　このような具体的な振り返りを基に，生徒Eは（→）の欄に次回の授業での目標設定を行っています。図14のBに示されるように，2回目の授業の（―）である「様々な人との交流」や，（＋）である「時間の意識的な管理」を次回の授業でも引き続き意識しようと考えています。この記述から1時間の（＋），（―）を行った直後に，（→）として次の時間に活かすことを記述することが非常に効果的であると考えられます。

ふりかえり（分析）
<＋・その理由>
いっつも一緒にやってる人以外に聞けた！
自分が気になることも先生にどういうこと？って聞いたり一緒にやってる人にどうやと思う？って聞いてきた
気になることも解決できたし国民主権がなんで大切なのかっていうこともわかって両方できたからよかった！
<←・その理由>
ちょっと計画の時間を過ぎてしまった
でも教科書の内容は時間いっぱいかけたからわかった
<→・その理由>
次もいろんな考えを聞くためにいつもやってる人以外にもきく
気になる内容は教科書の内容も理解したからわかるようにする
時間も気にしながら振り返りも授業おわるまでにする

図15　生徒Eの記述（本単元2回目の授業）

　そして，次の時間の（＋）の部分には，「いつも学習に取り組んでいる仲間以外にも聞くことができたこと」，（―）の部分には，「少し時間を過ぎてしまったこと」が記述されており，前回の授業で考えた活かすこと（→）を1時間の授業の中で意識することができていたことが分かります。さらに，この授業の活かすこと（→）の部分には，うまくいったことは継続し，うまくいかなかった部分である時間について意識しながら過ごすことが書かれています（図15）。また，生徒Eは，2時間にわたって課題としてきた「時間の意識的な管理」について，3時間目の（＋）の部分で，ずっと時間を意識するのではなく時々確認することが大切であるということに気付くことができていました（図16D）。振り返りの中で，自己評価と原因帰属を行った直後にそれらを適用する場面を考える時間を設定することが，次回の学習を具体的に見通すことに繋がったのではないかと考えられます。

<参考文献>
・木村明憲・黒上晴夫（2022）自己調整スキルの育成を促すレギュレトフォームの効果 日本教育工学会論文誌 46（Suppl.），25-28，2022
・土田陽介・稲木健太郎・泰山裕・佐藤和紀（2023）適用スキルの育成を促すための支援方策として 振り返りの観点を示すことの効果の調査
・シャンク.D.H.ジマーマン.B.J/塚野州一（編訳）（2009）自己調整学習と動機づけ　北大路書房

▶実践のポイント◀

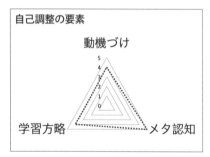

自己調整の要素
動機づけ
5
4
3
2
1
0
学習方略　　　　　メタ認知

　本実践では，レギュレイトフォームを活用して学習の見通しを明確にした上で，1時間1時間の振り返りを継続して取り組んでいました。本稿では，生徒が記述したレギュレイトフォームの記述を丁寧に見ていくことで，生徒たちが，学習の振り返りを通して，自らの課題に気付き，それらの課題をその後の学習で意識することを通して成長してきた様子がとても良く分かります。このような成長は，レギュレイトフォームに振り返りを書くことにより，自らの姿をメタ認知したことによる成長であると考えられます。生徒たちは，自己調整学習チェックリストの項目を基に，振り返りを記述する活動を繰り返すことで，メタ認知的知識として挙げられている「認知特性についての知識」「課題についての知識」「方略についての知識」(三宮 2018) を習得し，メタ認知する力を高めていったと考えます。

　また，このように1時間1時間の学習を振り返り，自らの学習を改善することができたのは，生徒が，学習を振り返る活動を通して，次の学習への動機づけを高めたからであると考えます。

　これらのことからレギュレイトフォームを活用した本実践は，自己調整学習の「メタ認知」「動機づけ」「学習方略」を高める非常にバランスの良い実践であったと言えます。

　三宮真智子 (2018)　メタ認知で〈学ぶ力〉を高める

おわりに
学習の調整と感覚・感情の調整

桃山学院教育大学人間教育学部　准教授●木村明憲

　本書では，自己調整学習チェックリストを基に授業設計を行ったり，授業を振り返ったりした実践を基に，学習者の自己調整能力を日常の授業でどのように育んでいけばよいのかということについて考えてきました。授業を通して児童・生徒が学習を調整できる力を身につけることができれば，その力が将来，仕事をしたり家事をしたりする際に発揮され，見通しをもって豊かに生きること（Well － being）につながると考えます。しかし誰しも，いつも気分良く，やる気に満ち溢れて生活をしているわけではありません。仕事が多く体や心が疲れていたり，他者との関係がうまくいかず気持ちが落ち込んだり，空腹で集中できなかったりといった学習や仕事を始めたり，継続したりすることが難しくなるような感覚や感情に陥ることがあるものです。このような感覚や感情は，豊かに生きる上で必要のないものではなく，心身のバランスを保つ上で大切です。ただ，このような感覚や感情に無条件に押し流されてばかりいては，豊かに生きることはできません。感覚や感情をモニタリングし，コントロールする力を育成することが大切であると考えます。

　このような感覚・感情の調整を学校教育の中で，学習者に伝えようとしている学校が，オーストラリア・アデレード近郊にあります。その学校は，Aldinga Payinthi

図1　Interoception room

図2　児童に感覚の調整方略を指導している場面

College といい，日本で言う公立の小学校・中学校・高校の一貫校です。この学校が取り組んでいることは，学習者が身体からの信号 (Body signal) を受け取り，その信号に対応する方略を使って，感覚・感情を調整して，学習に向き合えるようにするという取り組みです。例えば，授業中に強い眠気を感じるとします。そのような Body signal を感じた学習者は，感覚の調整方略として

習得した「立ったり」「歩いたり」「ストレッチをしたり」するといった方略を実行し、眠気をコントロールして学習に向き合えるようにするのです。他にも、休み時間に友達と言い争いになり、感情が高ぶった状態で教室に帰ってきたとします。もちろんそのような気持ちのままでは学習に集中することはできません。そんなとき、学習者は感情の調整として、学年ごとに設置されている Interoception room（一人になれる個室：イントロセプションは、内受容感覚と訳され、自分の体の中で起こった刺激に対する感覚とされています）に教師との相談の上で入り、静かなその部屋でゆっくりと考えたり、ストレッチをしたりして気持ちを落ち着け、学習に向き合えるように感情をコントロールするのです。

このようにこの学校では、学習者が Body signal を敏感に受け取り、その信号をもとに、感覚や感情をどのように調整すればよいのかということを日常の授業の中で指導・支援しています。私が見た授業では、授業と授業の間に、教師が「皆さんとても頑張りましたね、とても集中していました。素晴らしいです。」と語った後「集中して疲れたと感じた際は、伸びをするとまた集中することができます。みんなでやってみましょう。」と言って、集中したことによる疲れを感じ取ること、そしてそのような感覚を感じた際に行う、感覚を調整する方略を一斉指導していました（図2）。また、学習時間に気持ちが高ぶり落ち着いて学習に取り組むことができていない児童に教師が声をかけ、Interocetption ルームに入ることを提案し、その部屋で児童と話をしながら一緒にストレッチを行い、気持ちを落ち着けている様子も見ました。この学校には、このよ

うな指導をするために、Body signal とその時の感覚・感情、そしてそれらを調整するための方略がまとめられた研究冊子があり、教師が児童・生徒の状態を観察しながら状況に合わせて、適宜指導が行われていました。

このような取り組みは、新鮮に映りますが、日本でも似たような取り組みが部分的に行われている学校があります。ただ、この学校のように体系的に、そして学校の研究として全ての教師が感覚や感情の調整を児童・生徒に教えていくということに取り組んでいる学校はないように思います。今後、学習者が主体的に学びを進めていく上で、本書で示した学習の調整と、この学校取り組んでいる感覚・感情の調整の両側面を指導し、学習者の自己調整学習能力を高めていく必要があると強く思います。

本書に掲載した理論、実践については以下の You Tube チャンネルでも解説しております。

158

■監修者 ●──

木村明憲 (きむら あきのり)

桃山学院教育大学人間教育学部　准教授

博士(情報学)，教職修士

1977 年生まれ。1999 年佛教大学教育学部教育学科卒業，2017 年京都教育大学大学院連合教職実践研究科修了，2022 年関西大学大学院総合情報学部博士後期課程修了。京都市立小学校，京都教育大学附属桃山小学校勤務，桃山学院教育大学人間教育学部講師を経て現職。2010 年京都市総合教育センター研究課研究員として京都市の ICT 活用，情報教育を研究し，京都市の情報教育スタンダードを作成。2012 年パナソニック教育財団の特別研究指定を受ける。

学級担任の傍ら，2011 年文部科学省 情報活用能力調査 作問委員。2016 年 NHK「しまった！情報活用スキルアップ」番組委員，2018 年文部科学省委託事業「ICT を活用した教育推進自治体応援事業「情報活用能力調査の今後の在り方に関する調査研究」」問題作成等委員会に委員として携わる。

主著『情報学習支援ツール』2016 年，『単元縦断×教科横断』2020 年，『主体性を育む学びの型』2022 年 (以上 さくら社)，『自己調整学習：主体的な学習者を育む方法と実践』，共著『これからの「学び」の話をしよう』2023 年（以上 明治図書）

■執筆者 (五十音順) ●──

新井雅人	(箕面市立とどろみの森学園)	実行する 07，振り返る 08
荒川美穂子	(熊本市教育センター)	見通す 06，実行する 01
飯田広史	(東大阪市立弥刀中学校)	実行する 08，09，10
石戸谷和利	(幌延町立幌延小学校)	見通す 08
大前俊彦	(八尾市立安中小学校)	振り返る 02
小川辰巳	(京都市立御所南小学校)	見通す 02
北林圭一	(射水市立片口小学校)	実行する 05
北林佑基	(八尾市立安中小学校)	見通す 03
黒川 透	(幌延町立幌延小学校)	見通す 08
斉田俊平	(大阪市立今里小学校)	見通す 05，07，振り返る 03，07
芭蕉なるみ	(霧島市立牧園小学校)	見通す 09，実行する 02
福田慎一郎	(射水市立片口小学校)	見通す 10，実行する 05，
福水雄規	(洲本市立洲本第三小学校)	見通す 01，実行する 04
丸山哲也	(新潟大学附属長岡小学校)	見通す 04，振り返る 06
三宅倖平	(鹿児島大学教育学部附属小学校)	振り返る 01
山口小百合	(鹿児島市立小山田小学校)	振り返る 05
山口亮介	(八尾市立安中小学校)	実行する 06
山下海人	(津市立芸濃中学校)	振り返る 09
渡邊雄大	(中富良野町立中富良野小学校)	見通す 11，実行する 03，振り返る 04

自己調整学習チェックリスト

リストを用いた授業実践 30

2024 年 3 月 31 日　初版発行

監修者　木村明憲
発行者　横山驗也
発行所　株式会社さくら社
　　　　〒 101-0051　東京都千代田区神田神保町 2-20　ワカヤギビル 5F
　　　　TEL：03-6272-6715 ／ FAX：03-6272-6716
　　　　https://www.sakura-sha.jp　郵便振替 00170-2-361913

ブックデザイン　佐藤 博
印刷・製本　中央精版印刷株式会社

ⓒ Akinori Kimura 2024, Printed in Japan
ISBN978-4-908983-73-3 C0037
＊本書の無断複写・複製・転載を禁じます。
＊乱丁・落丁本は、送料小社負担にてお取り換えいたします。